JN097911

12か月の和菓子手帖

いちばん親切な練り切りの教科書

藤本宏美

山と溪谷社

はじめに

はじめまして、練り切り専門教室「HALE（ハレ）」の藤本宏美です。
兵庫県・神戸市でオンラインと対面の練り切り教室を主宰しています。

私が練り切りをはじめて作ったのは2016年のこと。
きっかけは、娘の重度の食物アレルギーでした。
ケーキやクッキーが食べられない娘のために、お誕生日、クリスマス、
年に一度のイベントのときに食べられる華やかなお菓子を作ってあげたい……。
そう思って奮闘していましたが、私自身が納得のいくお菓子を作れませんでした。

ある日よく立ち寄る大阪のデパ地下で、
ショーケースに並んだ美しい練り切りを見ていてピンときました。
「これを作ればいいんだ!!」と。
それまで練り切りは職人さんの領域と思い込んでいましたが、
いろいろ調べてみるとレシピ本も出ていて、家庭でも作れることを知りました。

練り切りを学び、娘に喜んでもらえるお菓子が作れるようになったうれしさもありましたが、
日本の四季に合わせて作る手のひらの小さな世界に魅了されました。

あんこと、求肥（ぎゅうひ）と、色素。
シンプルな材料を使って色と形と菓銘で表現する世界は潔（いさぎよ）く、作り手の気配を感じます。
私の教室の名前の由来にもなった「ハレの日」に、アレルギーの方も
高齢のかたいものが食べられない方も、家族やお友達みんなで練り切りを囲み
「どれにしようかな」「きれいだね」「おいしいね」と、幸せな時間を過ごしてほしい……。
「手軽に、でもおいしく美しく。四季の移り変わりが楽しめ、
日本に生まれたことを感謝したくなる和菓子をご自宅で」
そういう思いを込めて練り切り教室を続けていますが、
「本やYouTubeを見て作ってみたけれどうまくいかない」
「不器用な私にできるのか不安です」という声も多くあります。
そんな方のために、年間250回ほどオンラインレッスンをしている経験を生かして、
みなさんが戸惑いやすい部分をわかりやすくまとめたのがこの本です。

季節の変化に敏感になり、身近にある幸せに気づき、
感じたままに表現できたら毎日がとても楽しくなります。
この本を手に取ってくださった方に、
それぞれの練り切りと日本の四季を楽しんでいただけますように。

藤本宏美

もくじ

本書について

◎本書では内藤製餡の白こしあん（p.11参照）を使って、「練り切りあん」を準備します。
ほかの白こしあんを使う場合は、あんの状態に合わせて電子レンジの加熱時間や
火取りの回数、練って切る回数を調節してください。

◎電子レンジの加熱時間は600Wを基準にしています。
500Wの場合は1.2倍、700Wの場合は0.8倍を目安に加熱し、
お使いの機種に合わせて様子を見ながら調節してください。

◎保存期間は目安です。

◎最初はレシピどおりに作り、2回目以降から好みで色やパーツを変更するなどのアレンジをしてください。

◎爪が伸びているとあんを引っかきやすくなるので、練り切りを作るさいは短く切っておきます。

◎道具や材料などの掲載情報は2024年1月現在の情報です。

序章

prologue

練り切りの基本

まずは、おいしくて美しい練り切りを、
家庭で作るための基本からお伝えします。
材料と道具をそろえたら、すべての和菓子に使用する
練り切りあんの作り方と
基本の技をマスターしましょう。

初心者でも失敗知らず

本格的な季節の練り切りが楽しく作れます

作って感動、眺めてほっこり、食べておいしい、差し上げて喜ばれる……。
自分では作れないと思っていた美しい練り切りを、家庭で失敗なく作る技をお伝えします。

練り切りとは？

白こしあんにつなぎ（本書では求肥（ぎゅうひ））を入れ、練って切ってを繰り返して
なめらかに仕上げた「練り切りあん」で作る伝統的な和菓子。
自然の風物を表す繊細な色合いや巧みな造形は、菓子の芸術品、食べる芸術ともいわれています。
茶席や節句などのハレの日を彩る上生菓子です。

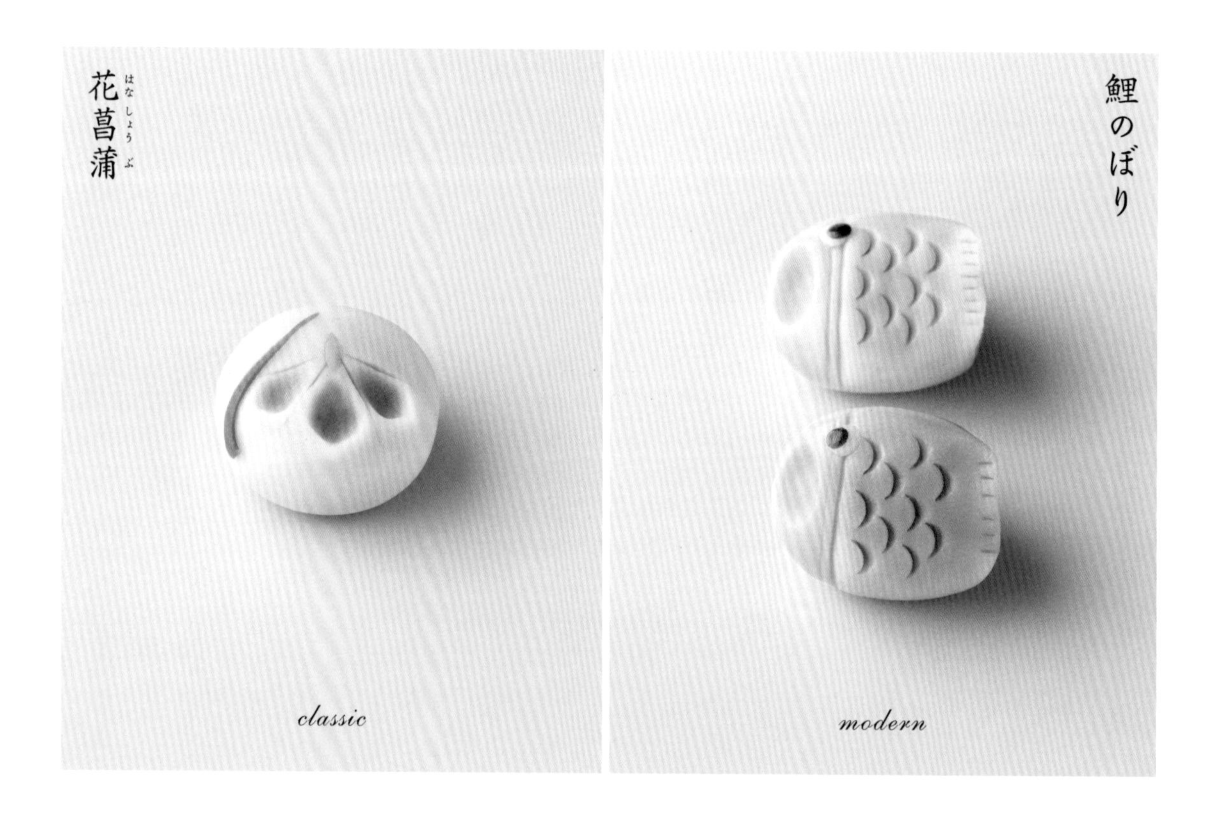

本書で紹介するのは四季折々の古典および現代モチーフの練り切りです

四季折々の美しい練り切りの作り方を、春夏秋冬、月別に、古典と現代モチーフを一緒に紹介しています。
桜や紫陽花（あじさい）、紅葉や白椿といった季節を象徴する植物から、ひな祭りや七夕などの節句、
入学式やハロウィン、クリスマスなどの現代的な季節のイベントまで、
幅広いラインナップで1年中楽しめます。

練り切りあんはすべての和菓子共通。電子レンジで作る失敗が少ないレシピを紹介します

練り切りの味と見た目を左右するのが白こしあんの「火取り」。
あんこの水分を飛ばして練り切りに適したあんにする作業ですが、
水分の飛ばし具合の見極めが難しく、
初心者が最初につまずく作業でもあります。
本書では、その重要な火取りを初心者でも安心の電子レンジで行います。
かためのしこしあん（p.11参照）を基準に、加熱時間や混ぜ方などの
ポイントを細かく記載していますので、レシピどおりに作れば
おいしくて扱いやすい、プロ顔負けの練り切りあんに仕上がります。

練り切りあんを作る

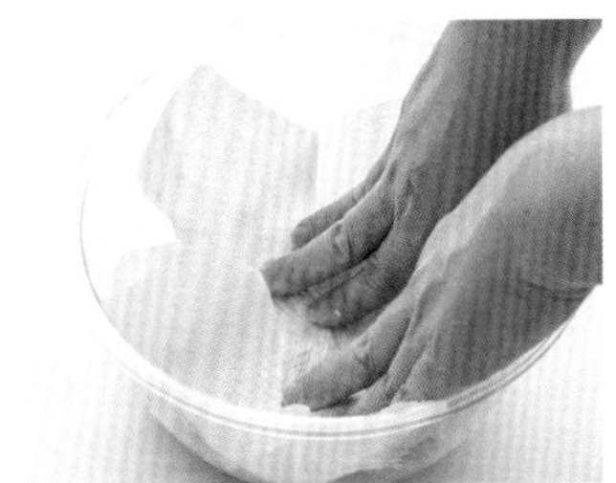

白い練り切りあんを色づけして練り切りならではのさまざまな表現を楽しみます

色素などを使って繊細な色を作ることができます。
色玉を混ぜて中間色を作ったり、
色づけしたあんを白色のあんで包んでぼかしたり、
貼りつけてこすってグラデーションを表現したり。
色を使ったさまざまな技にチャレンジできます。

基本の技を覚えれば、いろいろな和菓子に応用できます

「包あん」や「もみ上げ」、
「筋入れ」「押し出し」をはじめとする
基本的な技法を、季節の和菓子に応用できる
シンプルな作り方を目指しました。
また、ところどころに「茶巾絞り」や「ぼかし」と
いった、練り切りらしい技も組み込んでいますので、
新しい技のチャレンジもお楽しみください。

包（ほう）あん

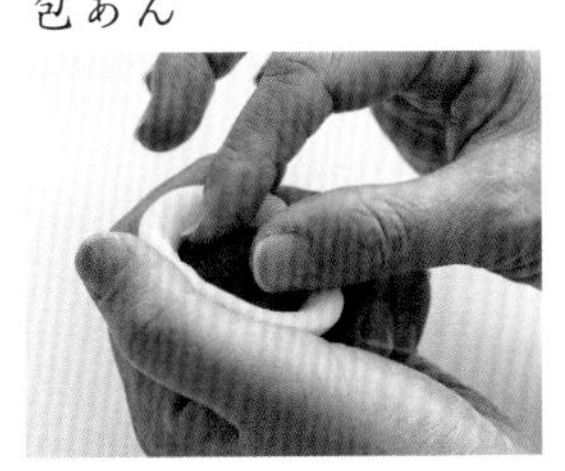

もみ上げ

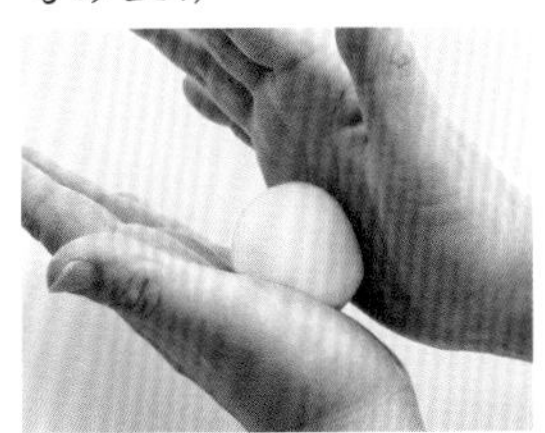

筋入れ

押し出し

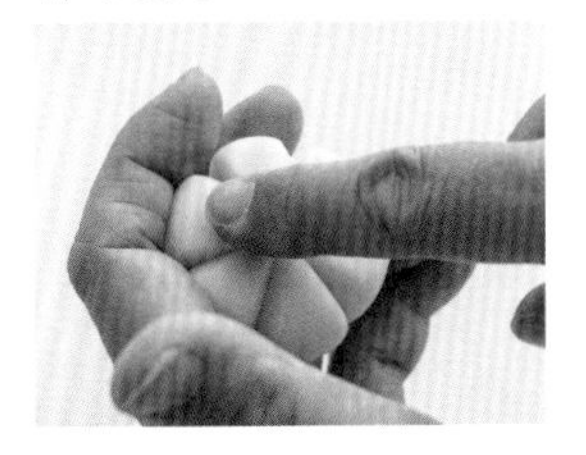

白こしあんの選び方

ひと口に白こしあんといっても、豆の品種や砂糖の量、炊き方などで味はもちろんかたさや粘り、色みも異なります。その違いが、練り切りあんの仕上がりにも影響するので、あん選びはとても大切。本書では下記の3つの条件をクリアした「内藤製餡」（p.11囲み参照）の白こしあんを使用します。

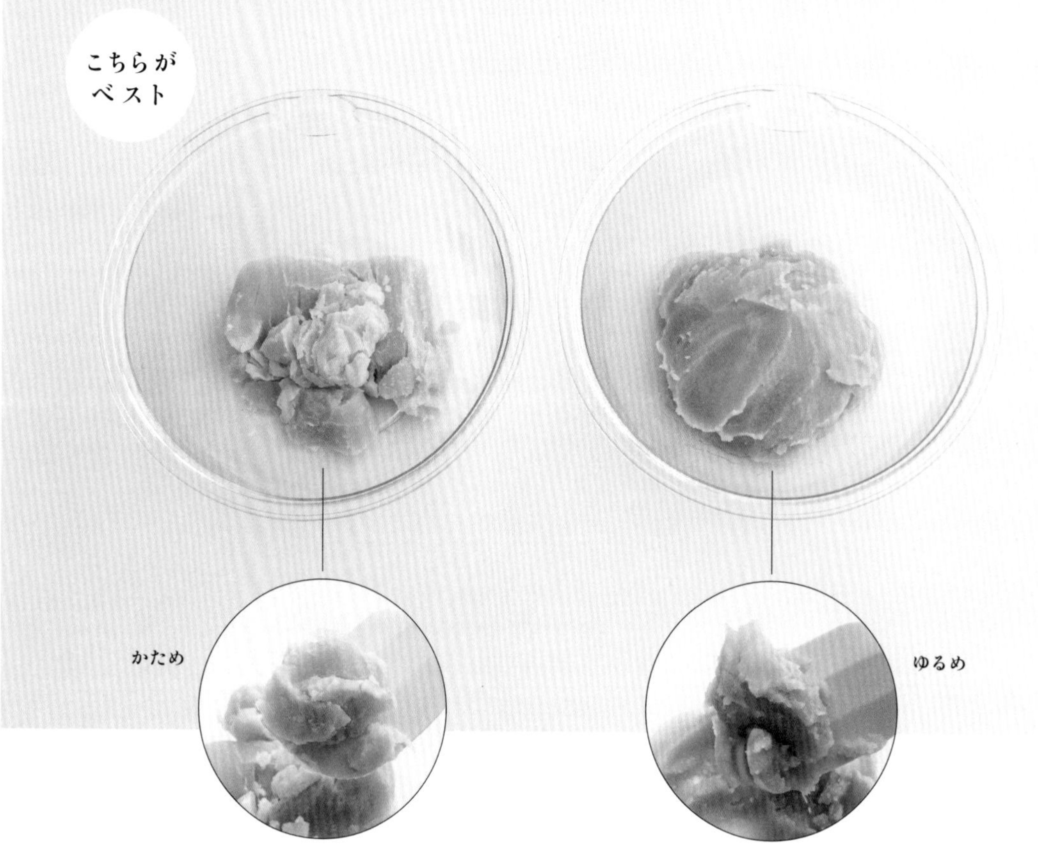

こちらがベスト

かため

ゆるめ

1. 水分が少なくかため

左写真のあんのように、ポロポロとほぐれるようなかためのあんが理想です。水分が多すぎると、水分を飛ばす火取り作業に時間がかかり、ベタついたり粘りが強くなったりして、扱いづらい練り切りあんに。内藤製餡の白こしあんは、右の一般的な白こしあんより水分が少なく、火取り作業も簡単にできます。

2. 白色に近いベージュ色

練り切りあんの白さも美しさを左右する重要なポイント。白こしあんの色がそのまま練り切りあんの色になるので、できるだけ白に近いものを選んでください。あんによっては色づけしにくいものもあります。内藤製餡の白こしあんは白さに定評があり、火取りして練って切ると、さらに美しい白色に。また、きれいに色づきます。

3. あっさりとした味わい

練り切りは、中あんになる赤こしあんを練り切りあんで包むため、白こしあんの甘みがそのままお菓子のおいしさにつながります。好みもありますが甘みが強いとくどく感じることもあります。内藤製餡の白こしあんは比較的あっさりしており、あんこが苦手な人でも食べやすく上品な味わいです。

練り切りあんの材料

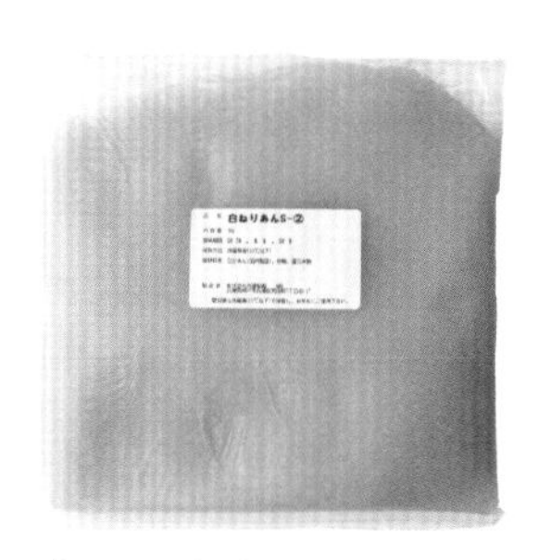

白こしあん

練り切り教室でも使用しているあんがこちら。水分量と甘みが絶妙で、電子レンジの火取りで手軽に練り切りあんが作れる。これまで出合った白こしあんの中で「色がいちばん白い」という点でもおすすめ。
◉内藤製餡（神戸市）
白ねりあん S-② 1kg

白玉粉

つなぎの求肥作りに使用。少量でも伸びがよく、もちもちでツルツルに仕上がる。

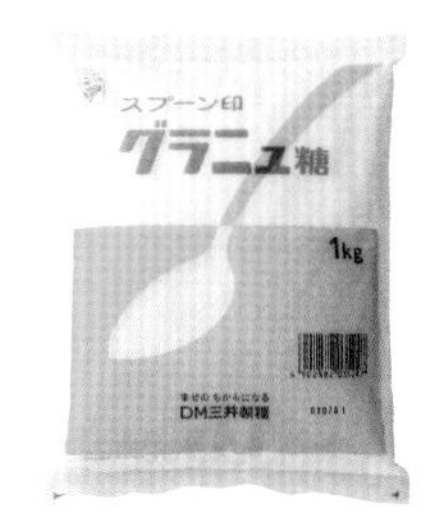

グラニュー糖

つなぎの求肥作りに使用。すっきりとした甘さで、白こしあんのおいしさを引き立てる。

あんの通販はこちら

◎株式会社内藤製餡（神戸市）
http://www.n-anko.co.jp/
電話 078-511-8181　FAX 078-511-4800
＊電話、FAX、ホームページの「お問合せ」より注文。

中あんの材料

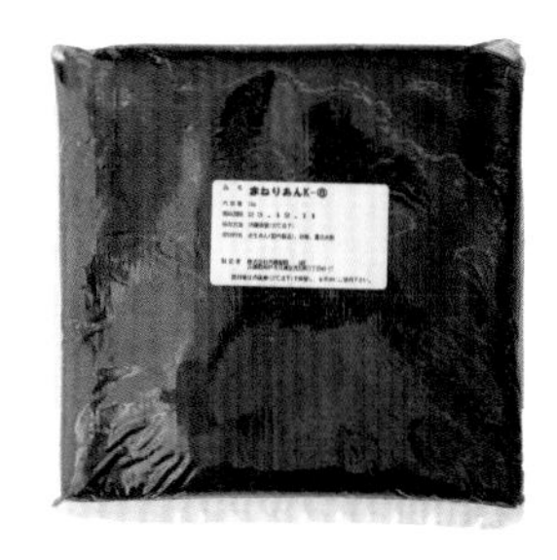

赤こしあん

中あんと練り切りあんを同じかたさにするとなじみがよくおいしく食べられるため、水分が少ないかためのあんを選ぶ。ゆるいものは火取り作業が必要だが（p.19参照）、内藤製餡の赤こしあんはそのまま使える水分量とかたさ。白こしあんと同様に、あっさりとした味わい。
◉内藤製餡（神戸市）
赤ねりあん K-⑧ 1kg

色づけの材料

食用色素

基本の色づけに使うのは、5色の粉末食用色素。植物由来の天然色素の中から、色がつけやすく発色のいいプティパ（赤・青・ピンク・黄）と共立食品「ホームメイド」（黒）をセレクト。

ココアパウダー

茶色は砂糖やミルクが入っていない製菓用のココアパウダーを練り込んで作る。発色よく、ほのりココア味に仕上がる。

抹茶

緑色は抹茶を使用。緑色の食用色素もあるが、抹茶なら和の色合いに仕上がるほか、抹茶の風味も入るので和菓子にぴったり。

装飾などの材料

黒ごま

片栗粉

粉寒天

金粉

黒ごま／いりごまを使用。キャラクターの目やすいかの種に。すりごまは練り切りの色づけにも。**片栗粉**／p.93「みかん」の果肉に使用。刷毛でまぶしてリアルな造形に。**粉寒天**／色づけした寒天で涼やかなあしらいをつけたり、しずくを作ったり、つや出しに使う。**金粉**／ハレの日にぴったりの金粉。少量のせるだけで豪華なイメージに。

◎基本の道具　練り切りあん作りから季節の練り切りまで、あると便利な道具を紹介します。

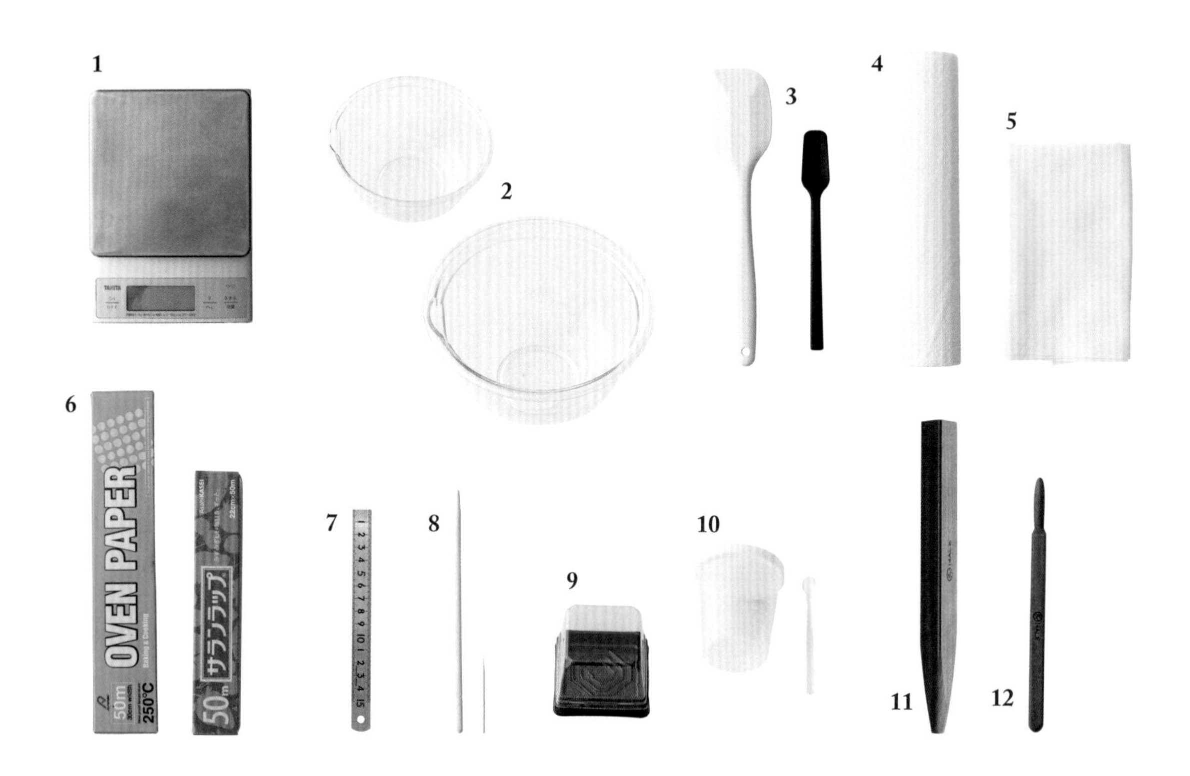

1. デジタルスケール
材料の計量に必須。0.1g単位ではかれるデジタル表示のものを使用。

2. 耐熱ボウル(M・S)
M(直径17cm)／白こしあんの火取りや練り切りあん作りに。**S(直径11cm)**／求肥（ぎゅうひ）や寒天作りなどに。いずれもガラスではなくポリカーボネート樹脂製のものを使用。

3. ゴムべら・ミニゴムべら
ゴムべら／主にあんを混ぜるときに。**ミニゴムべら**／求肥や寒天作りに活躍。いずれも一体成形のシリコンゴム製のものが混ぜやすくおすすめ。

4. ペーパータオル
白こしあんを電子レンジで加熱するときに、あんにかぶせる。

5. ふきん
手や道具をこまめに拭くので、さらしなどけばだたない素材を選ぶ。

6. オーブンシート・ラップ
オーブンシート／あんの練り切り作業や面取り、成形などに。本書ではあんがくっつきにくい、アルファミック オーブンペーパー（30cm幅）を使用。**ラップ**／練り切りあんや中あんの保存、乾燥防止に。

7. 定規
練り切りあんの成形時に直径や長さをはかる。15cmあればOK。

8. 箸(先端が丸いもの)・つまようじ
箸／あんにくぼみをつけたり、花芯の成形に使用。**つまようじ**／色素と水を混ぜたり細かい作業に。

9. 和菓子ケース
完成した練り切りを1個ずつ入れる容器。このケースに入るように成形する。本書で使用するケースのサイズは内寸4.5×4.5×高さ3.5cm。
◉cotta
和菓子カップ KH-1 黒

10. 色素カップと色素スプーン
色素液を作るさいに使用。色素カップは容量30mℓで目盛りとふたつき。色素スプーンは食用色素に付属（薬味スプーンで代用可）。作る色の数だけ用意する。

11. 三角棒★
成形時に筋を入れたり、花びらのベースを作る細工棒。異なる3つの角を使い分ける。下記「12.押し棒」、p.13「17.平板（大）」とともに田中一史さん作の道具を使用。
◉菓子木型彫刻京屋
練り切り用三角棒

12. 押し棒(先端が細くて丸いタイプ)★
花びらなどの繊細な細工に使用。プラスチック製のものは100円ショップなどでも入手可。

季節の練り切り作りに使う道具

★マークの道具の通販はこちら

◎練り切り専門教室HALE
https://hale-nerikiri.com/collections/all
＊セット販売のみ。単品での販売はありません。

13　14　15　16　17　18　19　20　21　22　23　24　25　26　27　28　29

13. 押し棒（先端が太くてとがったタイプ・先端が太くて丸いタイプ）
あんにくぼみをつけるさいに使用。下記「14.U字ツール」もセットになった貝印の丸棒9本セットが便利。
◉貝印
和菓子の手仕事道具（丸棒セット）

14. U字ツール
上記「13.押し棒」とセットになった貝印のもの。p.43「鯉のぼり」のウロコを入れるさいに使用。ストローを縦半分に切って代用しても。

15. ミニへら
切ったり貼ったり、小回りのきくミニサイズ。お菓子の森で販売しているミニパレットナイフが優秀。

16. カード（スケッパー）
あんを切るほか、平板代わりにも。

17. 平板（大）★／**18. 平板**（小）
大（9×18cm）1枚と小（7×10cm）2枚を使用。使う前にかたく絞ったぬれぶきんで拭く。近いサイズのバットなどで代用可。

19. 竹串・細いストロー
竹串／パーツをつけたり模様を入れるほか、くぼみをつけるときに。細いストロー／直径2mmくらいのものを、p.37「ランドセル」のボタンで使用。

20. 糸
p.57「すいか」を切るさいに使うと断面がきれいに。テグスでも可。

21. 茶こし
練り切りあんを押し出してぽろぽろにするそぼろ作りの必需品。

22. 刷毛
つや出しの寒天を塗ったり、片栗粉をまぶすさいにあると便利。シリコン製は適さない。

23. くし（コーム）
p.86「花かご」の編み目をつけるときに幅約2cmのものを使用。

24. ささら
自然な筋をつけるのに適している。三角棒や竹串で代用しても。

25. 糸切りばさみ
p.75「ハロウィンおばけ」の手を切り出すさいにクラフト用を使用。和菓子用はさみでも。

26. ティースプーン
キャラクターの口を作るときに。すくう部分が深めのものがおすすめ。

27. 抜き型（黄〈星〉）／
28. 抜き型（白〈ポインセチア〉）
p.93「みかん」のへたで星型（小〈幅1cm〉）、p.86「花かご」でポインセチア型（大〈幅1.4cm〉・小〈幅1.2cm〉）を使用。星型は100円ショップ、ポインセチア型は下記にて購入可。
◉Booch & Carca shop
ポインセチア

29. 絹さらし★
茶巾絞りやくぼみをつけるときに、25×25cmサイズのものを使用。繊維がつかない薄手のハンカチで代用可。

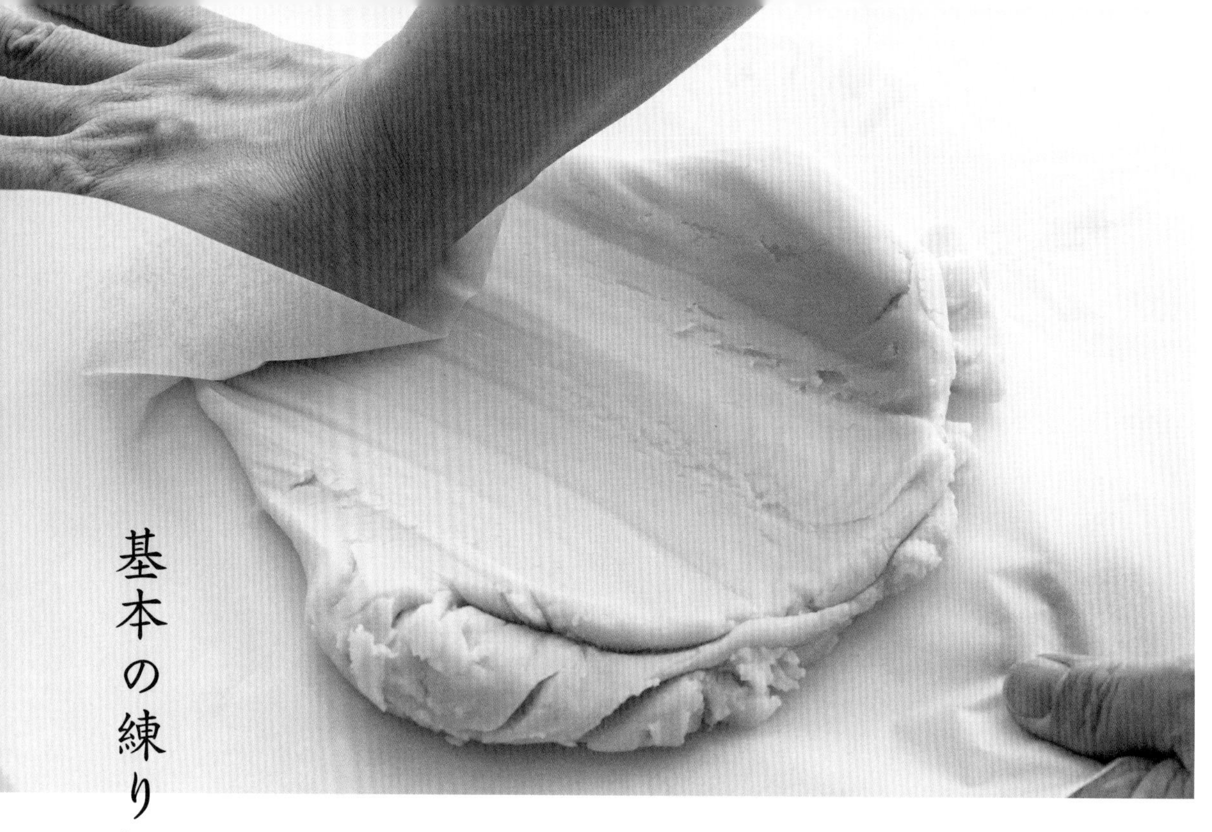

基本の練り切りの手順と作り方

基本が学べる「水仙」で、練り切りあんの作り方から
包(ほう)あん、成形、色づけまで、ひととおりレッスンします。

手順

1.練り切りあんを作る →p.15

すべての和菓子作りに共通する練り切りあん。白こしあんの水分を飛ばして練り切りに最適なあんにする「火取り」から、つなぎになる「求肥(ぎゅうひ)」を作って混ぜ、練ってちぎるまでの一連の作業を行います。

2.中あんを準備する →p.19

練り切りあんで包む中あんは、最初に分量をはかって小分けにし、使わない分は冷凍保存します。

3.包あん →p.21

中あん、または色玉を練り切りあんで包む、メイン工程。これをマスターすれば、ほとんどの練り切りが作れます。

4.成形 →p.23

「面取り」や「もみ上げ」、「筋入れ」、「押し出し」など、基本的な練り切りのテクニックが学べます。

5.色づけ →p.27

基本の着色の仕方と本書で使用する色玉の混色の仕方を紹介します。

1. 練り切りあんを作る

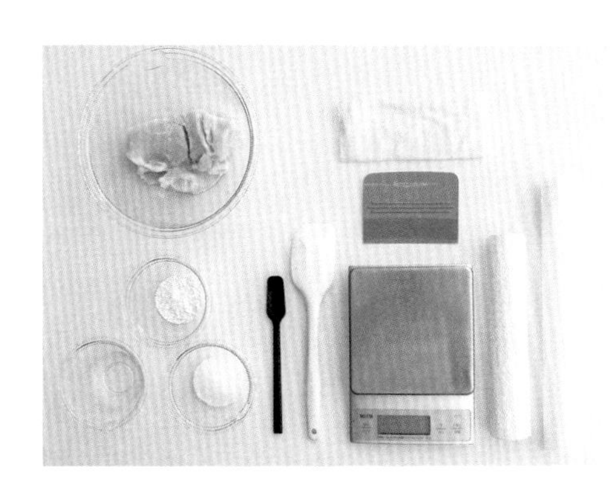

•材料　仕上がり300g強*／練り切り約10個分

白こしあん（p.11参照）……300g
〈求肥〉
白玉粉……10g
水……20g
グラニュー糖……20g

＊白こしあんの水分量が多いと、火取りで1割以上減ることもある。

•道具

ボウル（M・S）
ペーパータオル
ゴムべら・ミニゴムべら
デジタルスケール
カード
オーブンシート（約30×42cm）
ラップ

•下準備

白こしあんは1時間ほど前に冷蔵庫から出し、常温（触って冷たさを感じないくらい）に戻す。

•作り方

火取りする

1 白こしあんはボウルMに入れてペーパータオルをかぶせ、手で軽く押さえてあんに密着させる。
◎ペーパータオルはあんの水分を取り、表面が乾かないようにするためのものなので、水にぬらさずに使う。

2 電子レンジで1分（ゆるめのあんは2分）加熱し、取り出してペーパータオルをはずす。
◎かためのあんはボウルの底がほんのり温かいくらいだが、水分が多いゆるめのあんは湯気が立つくらい温度が上がっているので人肌くらいまで冷ます。

3 あん全体をゴムべらでサクサクとさしてほぐす。
◎ゆるめのあんを加熱した場合は、ほぐしたあとに粗熱をとる。

4 ボウルを回しながらゴムべらであんをボウルの底からすくい、底に押しつけるようにして均一になるように練り混ぜる。

5 再びペーパータオルをかぶせ、電子レンジで1分（ゆるめのあんは2分）加熱して粗熱をとる。
◎十分に熱が入り、あんがふっくらして白くなる。加熱中にパチパチと音がしたら焦げるサイン。すぐに取り出して混ぜる。

6 4と同様にして混ぜ、そのまま冷ます。
◎ゆるめのあんはここでかたさを確認。ゴムべらであんを持ち上げたときに、べちゃっとするなら電子レンジで30秒～1分加熱して混ぜ、様子を見る。熱い間に加熱をくり返すとかたくなりすぎるので、人肌くらいまで冷ましてから行う。

求肥を作る

7

ボウルSに白玉粉と分量の水を入れ、ミニゴムべらで白玉粉をすりつぶすように、しっかり混ぜる。

◎ここでダマが残っていると練り切りあんにも粒々が入るので、しっかり混ぜてなじませる。

8

粒がなくなったらグラニュー糖を加え、さらによく混ぜてなじませる。

9

全体が混ざったら、ボウルの側面についた粉や液をミニゴムべらでぬぐってきれいに落とす。

10

ラップをしないで電子レンジで1分、様子を見ながらぷくーっと膨らむまで加熱する。

◎加熱後はすぐにしぼみ、ボウルに張りついた状態になる。

11

きれいに洗ったミニゴムべらで、均一になるまでぐるぐるとよく練り混ぜる。

◎へらに白玉粉の粒が残っていると求肥に混ざってしまうので、きれいに洗ってから使う。ぬらすことで求肥がくっつきにくくなる。

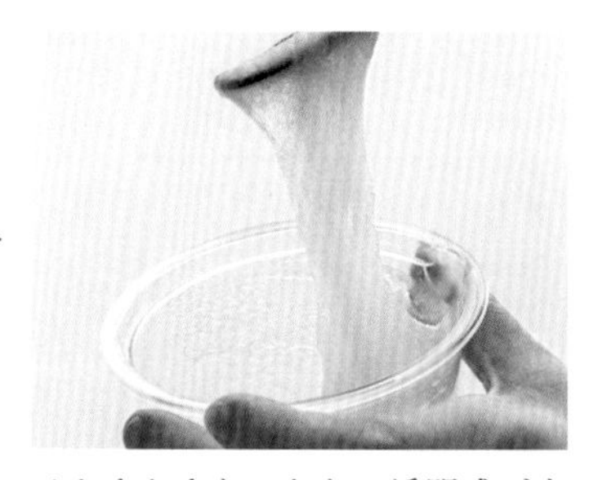

ひとまとまりになり、透明感が出て、しっかり伸びるようになったら混ぜ終わり。

◎白さが残る場合は再度電子レンジで10秒ずつ、様子を見ながら加熱する。かたい場合は、水5mℓを加えて混ぜてから、電子レンジで加熱するとよい。

白こしあんと求肥を合わせる

12

スケールに**6**をのせてメモリを0にし、**11**の求肥25gをミニゴムべらで切るようにすくってあんの上にのせる(残った求肥は食べてOK)。

◎求肥はくっつきやすいので、少しずつ加えると計量しやすい。求肥が多いほど保湿効果が上がりぼかしも入れやすいが、あんがやわらかくなる分指の跡がつきやすいので、慣れてきたら20gまで求肥を減らしてもよい。

13

ゴムべらでボウルの底から白こしあんをすくい、半分に折るようにして求肥にかぶせる。

◎これでゴムべらに求肥がくっつきにくくなる。

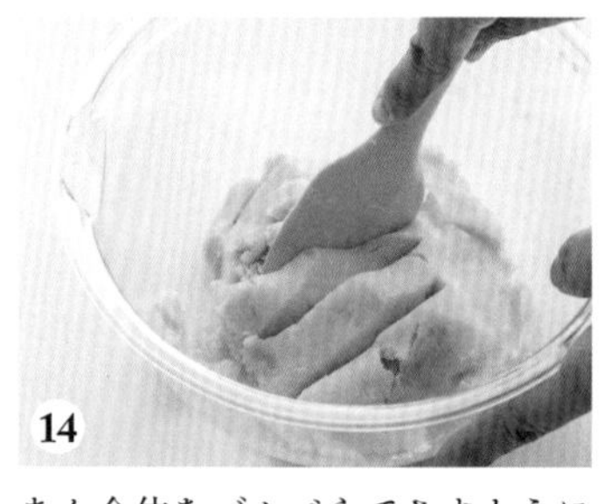

14

あん全体をゴムべらでさすようにして細かく刻む。

◎練り混ぜる前に求肥ごと細かく刻んでおくと、白こしあんと求肥がなじみやすくなる。

15

ボウルを回しながらゴムべらであんをボウルの底からすくい、底に押しつけるようにして均一になるように練り混ぜる。

◎途中、へらについたあんはカードなどで落としながら行う。

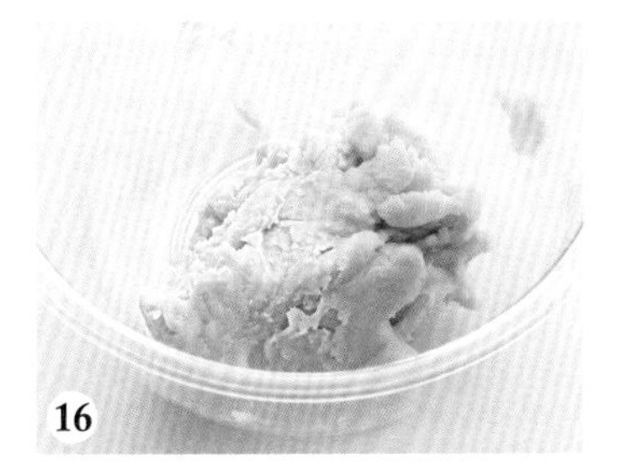

16

求肥が見えなくなり、白こしあんとしっかりなじんだら混ぜ終わり。

練ってちぎる

17

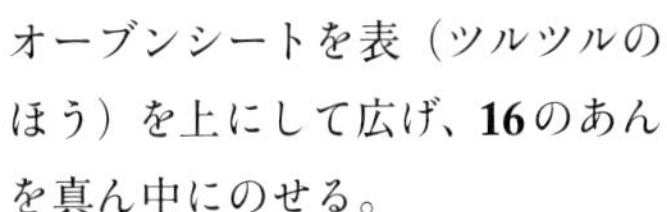

オーブンシートを表（ツルツルのほう）を上にして広げ、**16**のあんを真ん中にのせる。

◎カサカサしている部分があったら食感が悪くなるので取り除く。

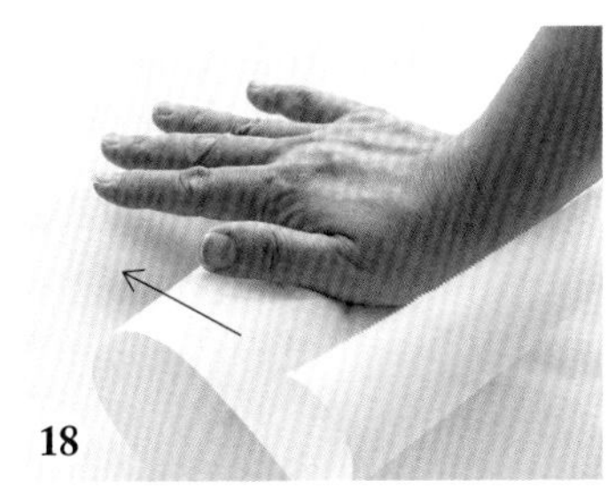

18

オーブンシートを奥から手前に向かって半分に折るようにあんにかぶせ、上から手のひらのつけ根をあんに押し当て（左写真）、体重をかけながらシートごとあんを向こう側へ押し出す（右写真）。

◎練って求肥と白こしあんをなじませる作業。必ずオーブンシートを体の正面に置いて作業すること。また、手首をひねりながら行うと手首を痛めることがあるので注意。

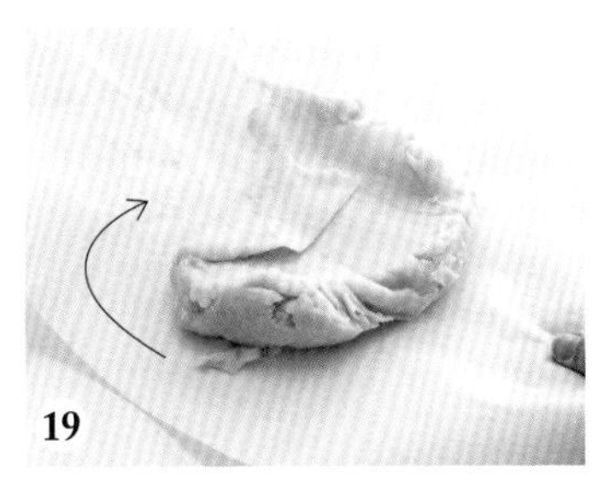

19

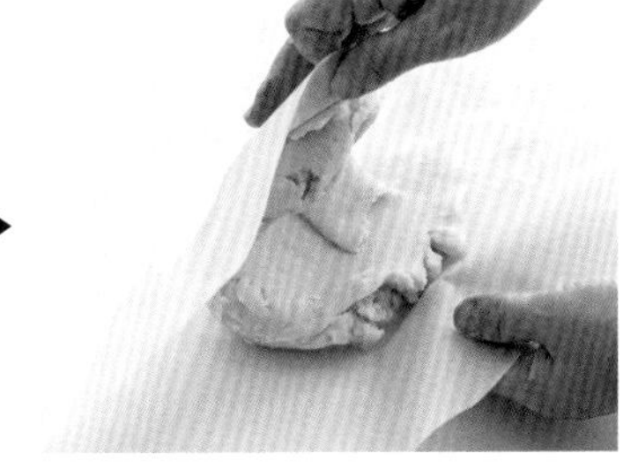

オーブンシートを開いてシートごと90度回転させ、シートの上下を内側に折ってあんを真ん中に寄せる。

◎ゆるめのあんの場合、この段階でやわらかすぎることがあるので、そのさいはボウルに戻し、再度ペーパータオルをかぶせて電子レンジで1分追加加熱する。オーブンシートにのせて**18**～**20**と同様にして練る。

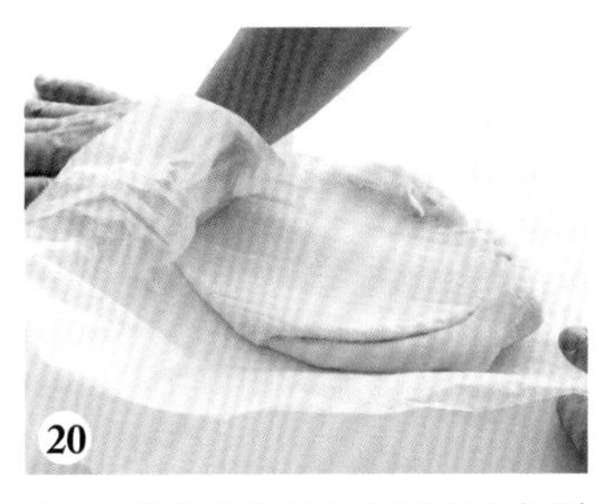

20

18～**19**をさらに10回ほどくり返してしっかり練る。

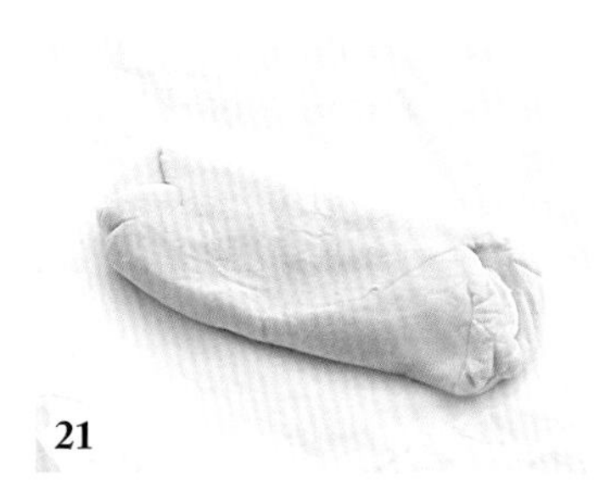

21

あんがなめらかになってまとまったら、オーブンシートの上下を内側に折ってあんを細長くまとめる。

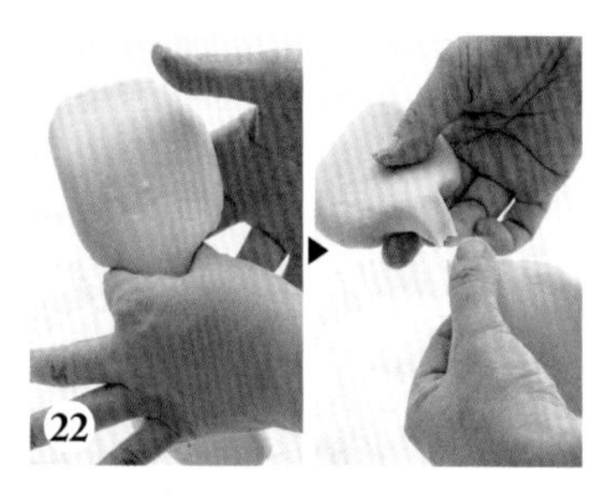

22

あんを手に取って人差し指と親指で生地の真ん中を持ってくびれを作り、反対の手でスッと上に引っ張って2等分にちぎる。

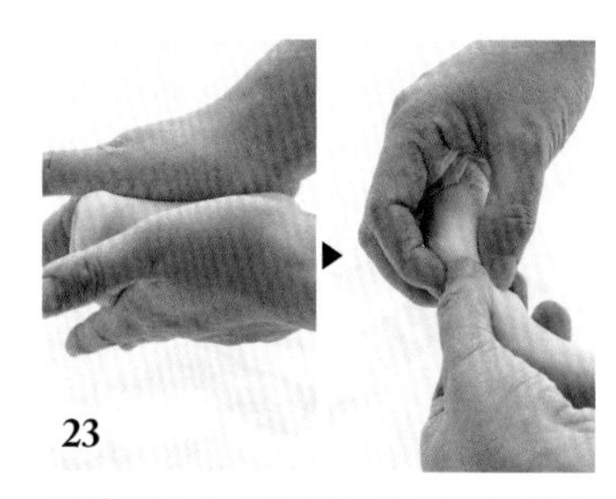

23

両手のひらで転がしながら細長くのばし、指先でつまんで3cm長さくらいにちぎって**21**のシートの上に並べる。もう1つも同様にする。

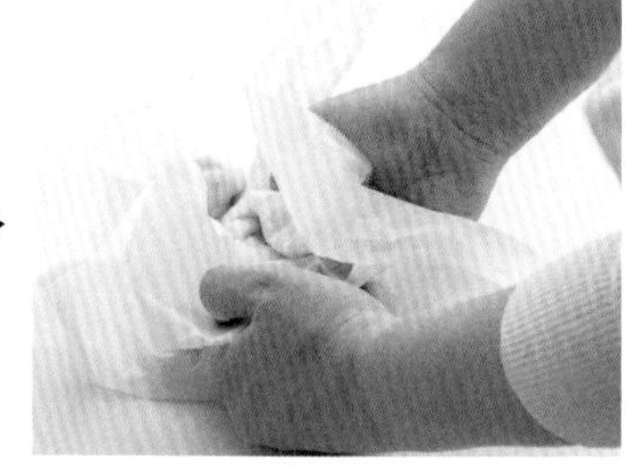

24

20個くらいにちぎって並べたら、すぐにオーブンシートの端を持って内側に折りたたんであんをひとつにまとめる。**18**からここまでの工程を、あんが温かいうちにさらに2～3回くり返す。

◎あんを冷まし、空気を含ませながら求肥と白こしあんをなじませていく作業。

before　after

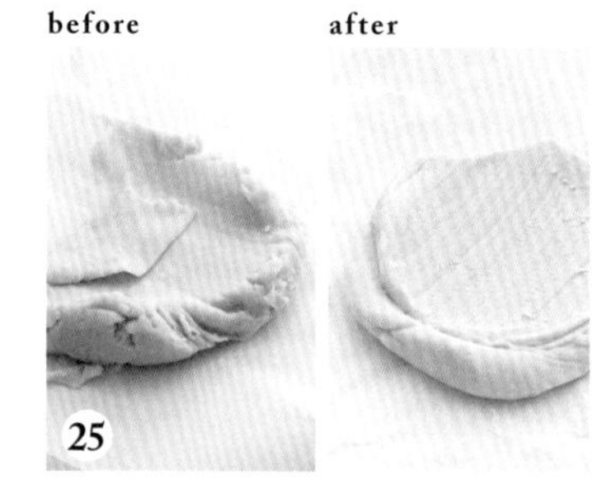

25

手の甲であんを触って体温以下になったら練り上がり。ていねいに空気を含ませながら練り切りすることで、なめらかな白いあんになる。

◎最初から茶色がかった白あんは、真っ白にはならないので注意。

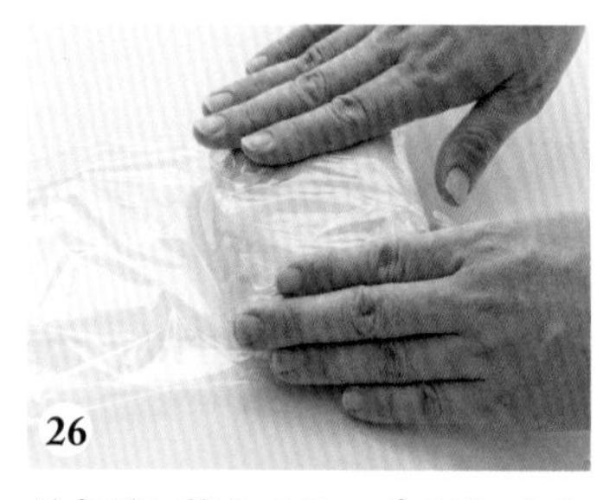

26

長方形に整えてラップでぴっちり包む。

◎この状態で保存可能だが、できるだけ成形して当日中に食べる。

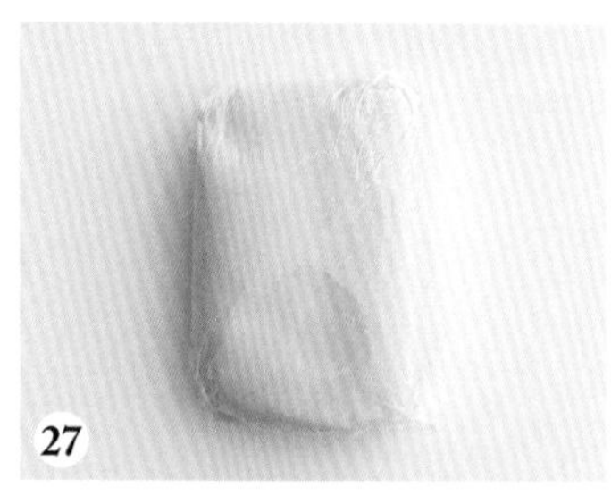

27

保存する場合は、使いやすい分量に小分けしてラップを二重に巻き、密閉容器に入れる。冷蔵で2日、冷凍で1週間保存可能。使用するときは室温で自然解凍する。

◎冷凍する場合は、成形してから保存する（p.68参照）のがおすすめ。一度冷凍した練り切りあんを解凍して作った場合は、その日のうちに食べる。

使用する白あんによって仕上がりが変わります

最初から茶色がかっていたり、水分量が多かったり、甘みが強かったり、使用する白こしあんによって仕上がりの色や質感、味は変わります。手に入りやすい市販の白こしあんは、茶色みが強くゆるめの質感で、本書で使用する白こしあんで作る練り切りあんより粘りも強く仕上がります（写真）。ただ、失敗ではありませんので、あんの個性と受け止めてください。

2. 中あんを準備する

本書の中あん　1個13g（p.56「願い笹」は1個15g）

作る練り切りの個数に合わせて準備する

●本書で使用する赤こしあん（p.11参照）の場合

火取りの必要がなく、そのまま下準備に入れます。

•下準備

1　赤こしあん適量（練り切りを10個作る場合は1個13g×10個＝130g〈p.56「願い笹」は1個15gで計算〉）を常温（触って冷たさを感じないくらい）に戻し、ボウルMに入れてこぶしでかたまりをつぶして混ぜ、ムラをなくす。

◎混ぜすぎると粘りが出るので注意。

2　13gずつ計量して、ラップをしいたバットに並べる。

3　両手のひらで転がしながら丸め、すきまをあけて並べる。作業するまでラップでふんわり包み常温におく。

◎一度に多めの中あんを準備する場合、あんの残りは下記囲みの保存の仕方を参照。

●ゆるめの赤こしあんの場合

水分を多く含んだゆるめのあんは、そのままでは練り切りあんでうまく包めません。また包めても底が割れたりカビの原因になるので、水分を飛ばす火取り作業をしてから上記の下準備を行います。

•火取り

1　赤こしあん適量（練り切りを10個作る場合は1個13g×10個＝130g）を常温（触って冷たさを感じないくらい）に戻し、ボウルMに入れてペーパータオルをかぶせ、手で軽く押さえてあんに密着させる。赤こしあん500gの場合、電子レンジで2分ほど加熱する。

◎加熱中にパチパチと音がしたら、焦げないようにすぐに取り出して混ぜる。

2　ペーパータオルをはずし、ゴムべらであんをボウルの底からすくい、底に押しつけるようにして均一になるように練り混ぜる。

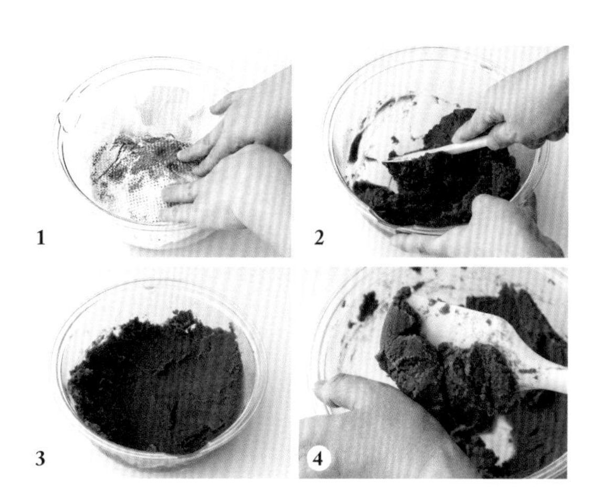

3　ボウルいっぱいに広げて冷ます。

4　少し冷めたらあんをすくい、手にくっつけてかたさを確認する。べちゃつくようなら再度電子レンジで1分加熱し、**2**と同様にして練り混ぜ、練り切りあんのかたさと同じにする。完全に冷ましてから、上記の下準備を行う。

中あんの保存の仕方

あんは開封したら、上記の下準備の手順で1個（13g）ずつ丸め、使わない分はすぐに冷凍保存するのがおすすめです。使いやすい個数に小分けしてラップで包み、さらに密閉容器に入れて冷凍庫へ。1か月を目安に使いきってください。解凍したらその日のうちに食べましょう。

冷凍の場合

5～6個ずつ1列に並べてラップで包み、密閉容器に入れて冷凍庫へ。丸めたあんがぴったり収まる浅めの容器が使いやすいです。

解凍の仕方

使う分だけ取り出して室温に1～2時間おきます。解凍してあんがゆるくなった場合は、あんのまわりについた水けを拭き取り、丸め直してから使ってください。

基本の練り切り「水仙」を仕上げていきます

•材料　1個分

〈練り切りあん＊**a**〉

白色……25g

黄色……0.5g

＊練り切りあんの作り方はp.15、色づけはp.27、色配合はp.48参照。

中あん（p.19参照）……13g

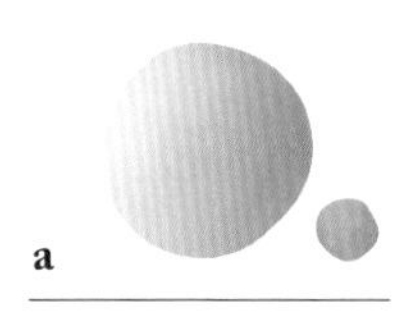

a

•道具

ふきん（ぬらしてかたく絞る）

定規

オーブンシート（10×10cm）

和菓子ケース

竹串

三角棒

箸

◎すべての和菓子作り共通

練り切りあんの練り直し方

準備した練り切りあんは、練り直して均一にしてから使います。

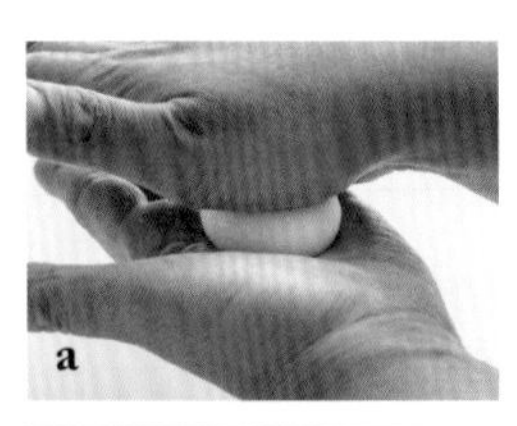

a

b

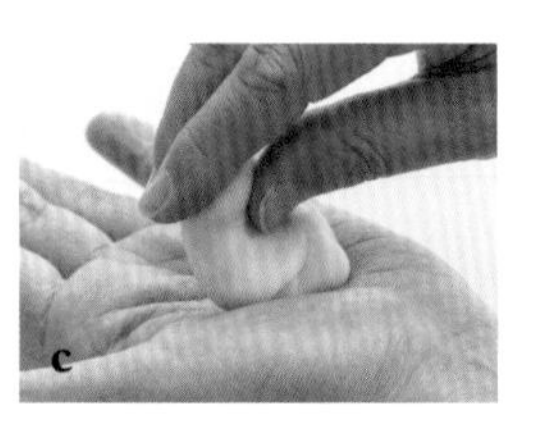

c

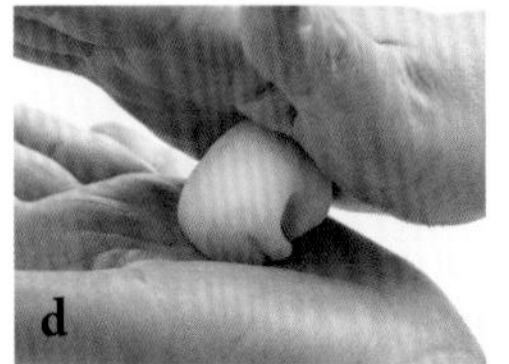

d

e

a 練り切りあんを両手のひらで挟んで軽くつぶす。**b** 奥から中心に向かって折る。**c** 90度回して同様に折り、1周繰り返す。**d** 少し強めに転がしてシワを取る。**e** 力を少しずつ抜き、大きく転がして丸める。

3. 包(ほう)あん

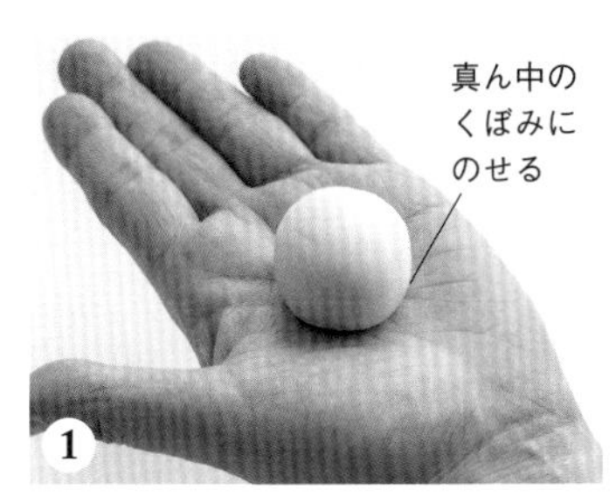

p.20囲みの手順で白色の練り切りあんを練り直して丸め、手のひらのくぼみにのせる。

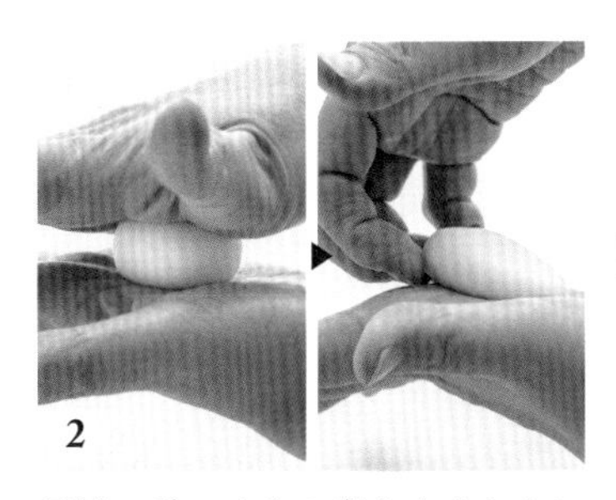

反対の手のひらの真ん中をあんに軽く押し当ててつぶし、あんを持ち上げて手のひらの上（4本の指のつけ根部分）に少しずらす。

◎あんが手にくっつかないよう、かたく絞ったぬれぶきんで手をこまめに拭きながら行う。

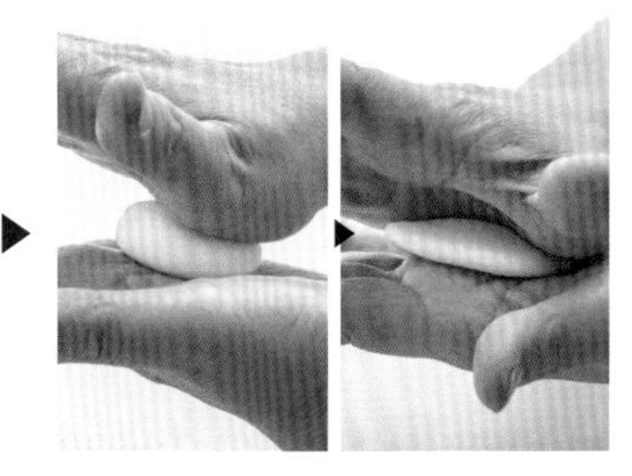

反対の手の親指のつけ根をあんに押し当てて広げ、あんを持ち上げて15～30度時計回りに回す。これをくり返し、円形に広げる。

◎あんを回すときは指先や爪がふれないように注意。手のひらをそらしてあんの端を浮かせ、反対の手の指の腹をすきまにさし込んであんを持ち上げて回す。

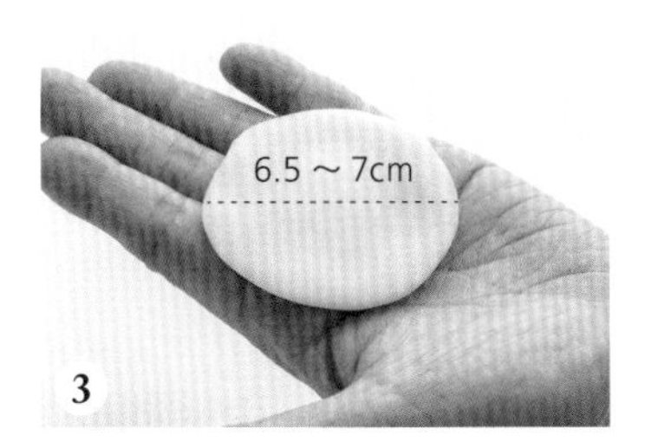

直径6.5～7cmの平らな円形に広がればOK。

親指以外の指をお椀のようにやわらかく丸め、その上に**3**をのせて自然な丸みをつける。

◎人差し指と小指に引っ掛け、指のつけ根にも少しかかるように練り切りあんをのせる。中指と薬指はあんから出ないよう、またあんの下にすきまができるよう軽く曲げて引く。

反対の手の人差し指と親指で中あんの側面を持ち、**4**の真ん中にのせる。

◎このとき、曲げた中指・薬指と練り切りあんの間にできたすきまに、中あんが沈むようにのせる。

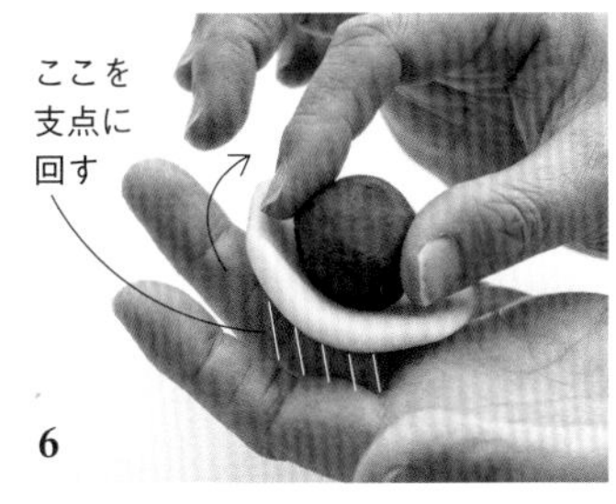

中あんを横から軽く押さえながら、練り切りあんをのせた手の中指を伸ばしたときに中あんごと練り切りあんを回し、中指を曲げたときに中あんをしっかり座らせる。これをゆっくりくり返し、練り切りあんを少しずつ立ち上げる。

◎中指の三節目を支点にして練り切りあんを回し、中あんを包むように行う。

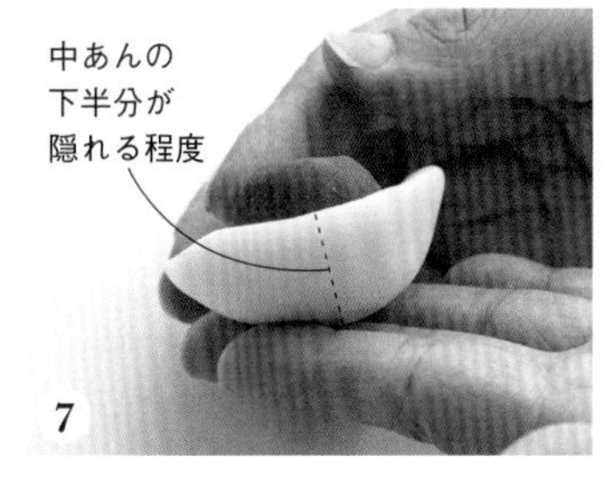

中あんの1/2の高さまで練り切りあんを立ち上げる。

◎ここまでは、練り切りあんの端が中あんにくっつかないようにする。

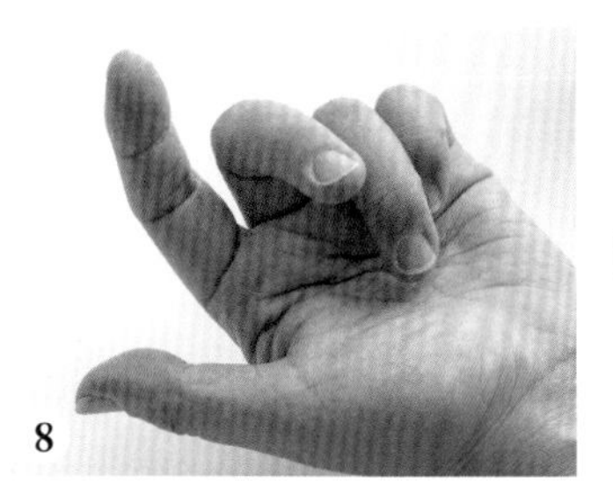

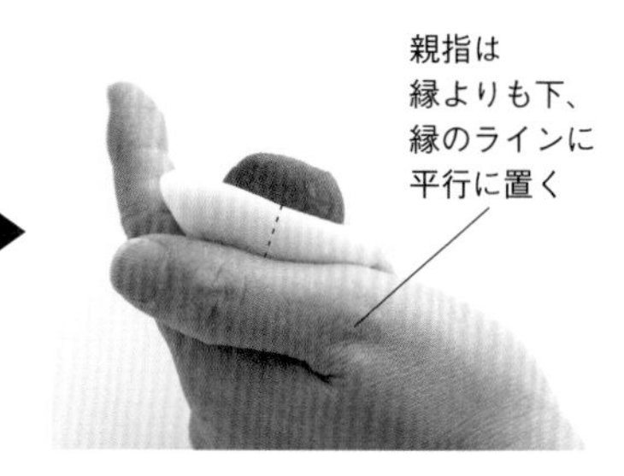

ここから、練り切りあんを中あんに沿わせながら垂直に立ち上げるのに、最初に親指と人差し指を開き、中指と薬指、小指は軽く握る。**7**を人差し指のつけ根にのせ、練り切りあんの側面に親指と中指を沿わせて両側から挟むようにする。

◎人差し指のつけ根に**7**をのせるときは、反対の手の人差し指と親指で中あんの側面を持つ。

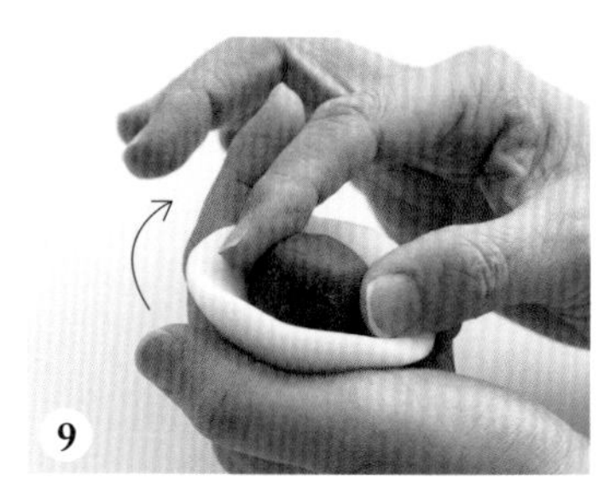

反対の手の親指と人差し指で中あんを横から押さえながら、練り切りあんの縁が中あんの高さに立ち上がるまで少しずつ回す。

◎練り切りあんの側面に沿わせた親指を人差し指のほう（奥のほう）に動かし、中指も使って少しずつ回す。このとき親指は、練り切りあんが立ち上がりやすいよう側面の下から上へと少しずつずらしながら、中あんをつぶさない程度に軽く押さえる。練り切りあんの立ち上がりに合わせて、中あんを押さえる反対の手の位置も上にずらしていく。

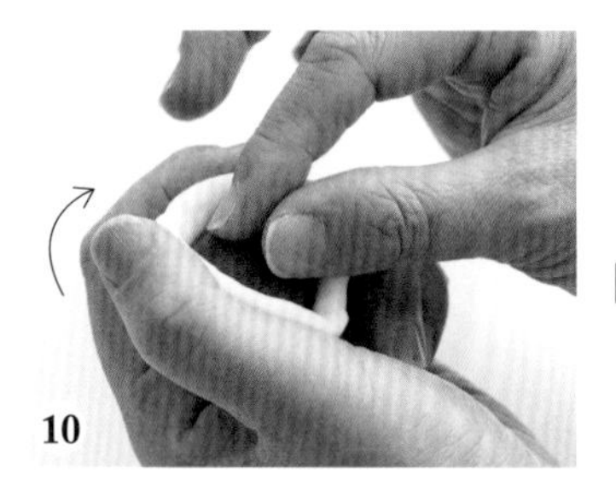

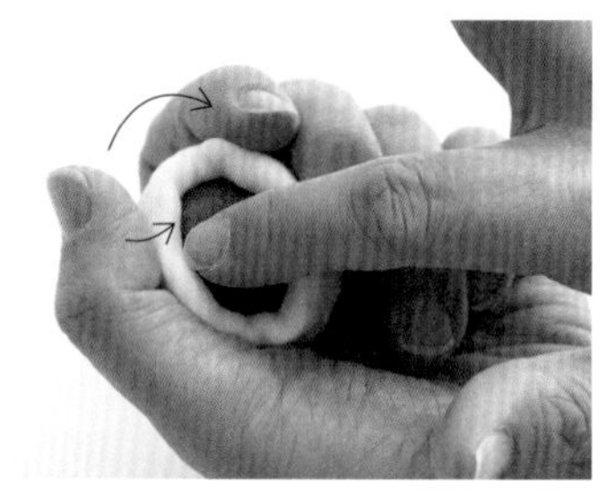

練り切りあんと中あんの高さが同じくらいになったら、中あんを反対の手の人差し指1本で上から軽く押さえ、親指を上にずらして練り切りあんの縁に当て、練り切りあんを回しながら、中心に向かって親指を倒してあんの口を少しずつ閉じていく。

◎親指を上にずらさずに回し続けると、練り切りあんの縁が外に開いて余分なひだが入り、閉じにくくなるので注意。

8割くらい閉じるまで行う。

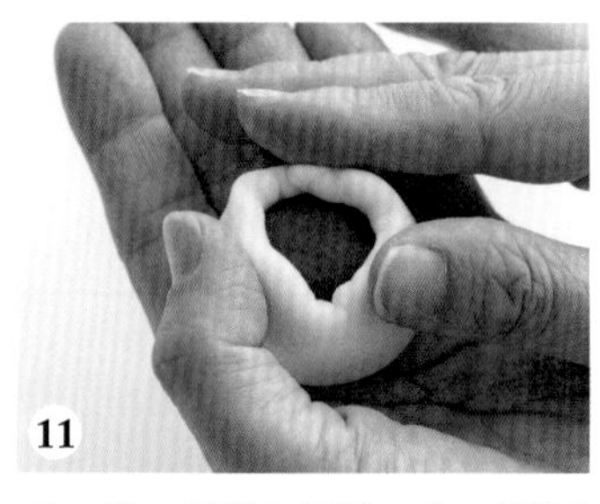

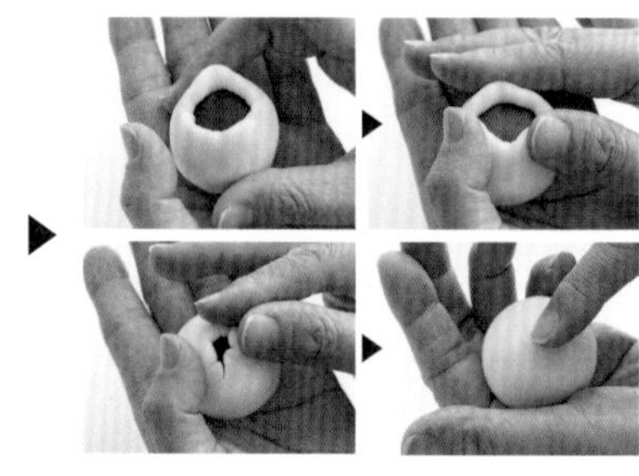

10の縁に親指と反対の手の親指と人差し指で三角を作るように当て、回しながら練り切りあんの縁を少しずつ寄せて口を閉じる。閉じ目がくっついたら指先でこすってなじませる。

◎回すときは反対の手の中指と親指であんを軽く持ち、手前に回す。練り切りあんを無理に引っ張るとあんの端がちぎれるので注意。口を閉じるときは、中あんには圧をかけず、練り切りあんだけを斜め上方向に寄せていくイメージで閉じる。

閉じ目を下にし、両手のひらで転がしながら丸く整える。

4. 成形

A 面取り

平らな場所にオーブンシートを表（ツルツルのほう）を上にして広げ、**12**を閉じ目を上にしてのせる。

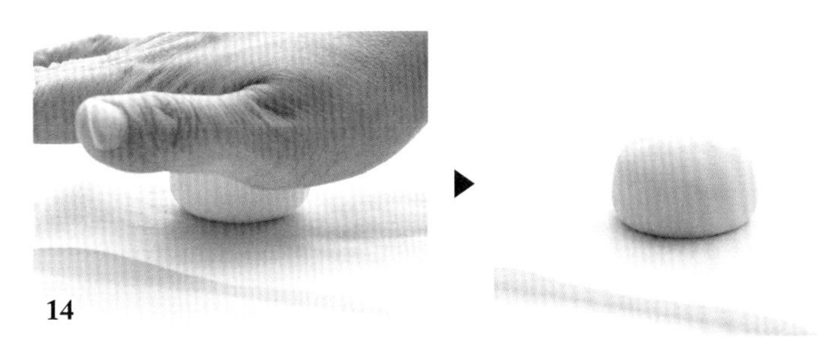

手のひらの真ん中を当てて傾かないように均等に押し、直径4cmくらいになるようにつぶす。

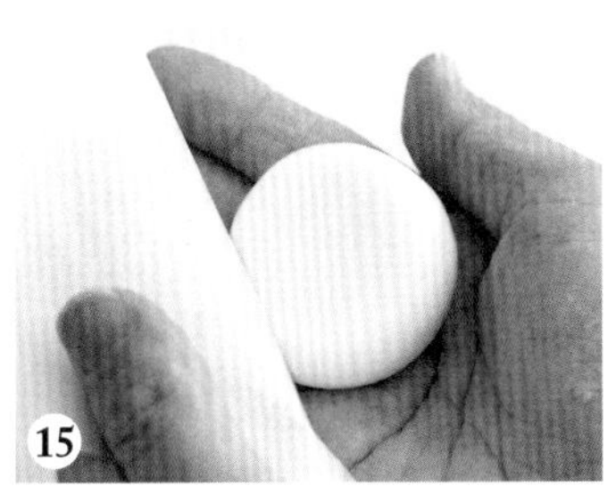

オーブンシートごと持ち上げて、シートから練り切りをはずす。
◎指先で触って形を崩したり爪で引っかいたりしないように注意。

B もみ上げ

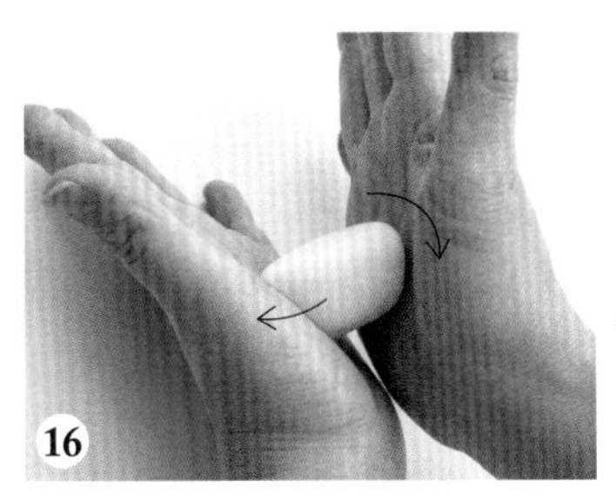

15を平らな面を上にして側面を両手で挟み、両手のひらのつけ根を合わせてV字にする。練り切りの角張ったところを下方向へ引っ張るようにしながら回して、下がすぼまるように成形する。

すり鉢のような形になったら、和菓子ケースに一度置いて大きさを確認する。
◎花びらを押し出すなど外側に広がる形を作る場合は、ケースに対して少し余裕のあるサイズに作る。

この形が「腰高」。傾きやゆがみがあれば、両手のひらで挟んで軽くトントンとして底を平らにする。

C 花びら　筋入れ

19

18の中心に竹串を軽くさし、印をつける。

◎22で三角棒を放射状に入れるときの目印になる。

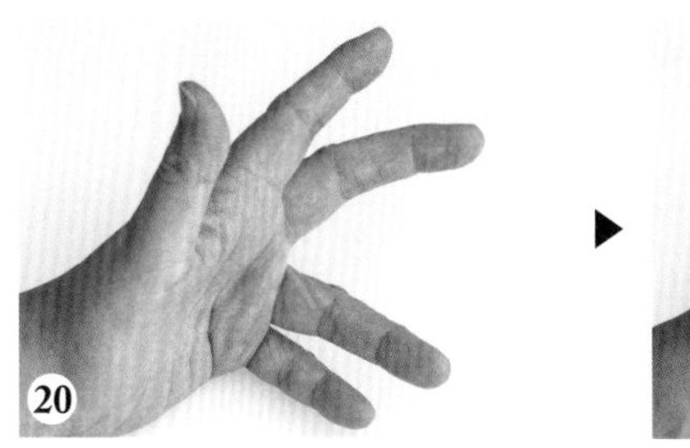

20

手を内側に向けて開き、中指と薬指の間を開いて薬指を軽く曲げる。曲げた薬指の上に19を置き、中指と人差し指で支え、手のひらが上を向かないようにキープする。

◎これが三角棒で筋を入れるときの練り切りの基本の持ち方。にぎりしめると練り切りに手のあとがついてしまうのでふんわりやさしく持つ。小指は三角棒に当たらないよう抜いて（伸ばして）、親指は練り切りに触らないよう開いておく。

21

反対の手で三角棒を持つ。鋭い角が練り切りに当たるように親指と人差し指、中指の3本の指先で持ち、残りの指を添え、三角棒の下のほうを持つ。

◎三角棒はかたく絞ったぬれぶきんで拭いてから使う。

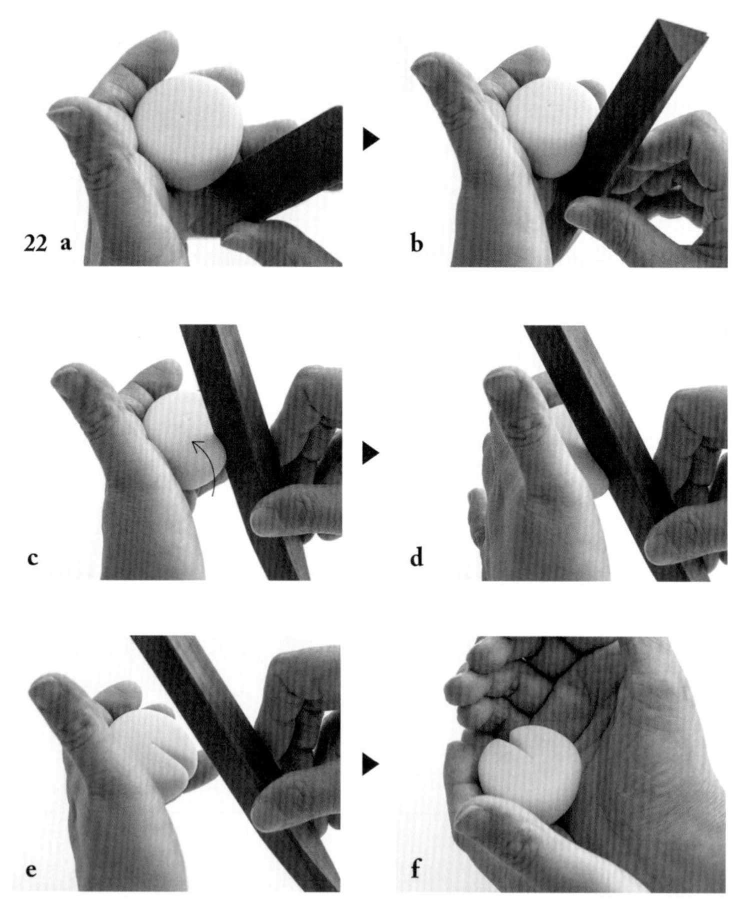

22 a　b　c　d　e　f

a 三角棒を薬指に当て、練り切りの下のほうに三角棒を当ててしっかりさし込む。このとき、練り切りは寝かせない（手のひらを上に向けない）。**b** 下から上へ側面のカーブに沿って三角棒を深めに入れる。**c・d** 上の角まできたら19でつけた印に向かって三角棒を寝かすようにして深くさし込む。**e** 印まで入れたら力を抜いて三角棒をスッと抜く。**f** 次の筋を入れるときは、手のひらで転がして向きを変える（指先で触らない）。

筋の入れ方　6分割の場合

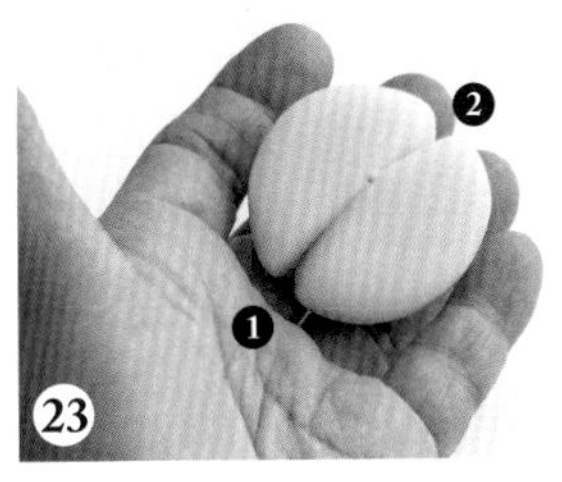

▶

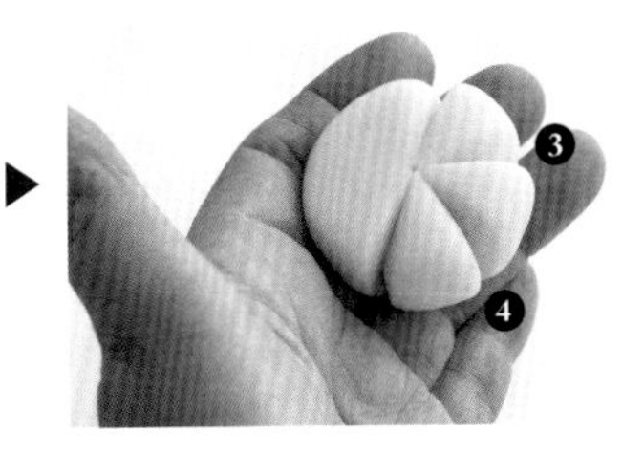

▶

まず、❶と❷に筋を入れて2分割し、次に❸と❹、180度回転させて❺と❻をそれぞれ等分に入れ、6分割する。

▼

筋が中心の印に集まるように入れていくときれいな花びらになる。

◎深く入れすぎると中あんが出てしまうので注意。

D 花びら　押し出し

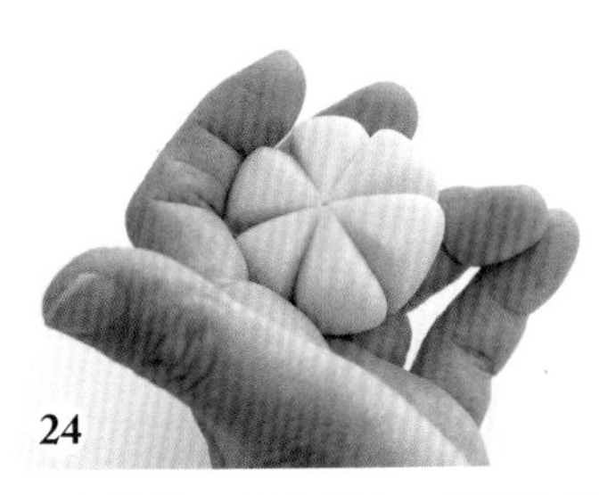

20と同様に**23**を持ち、花びらの縁に人差し指を正面からしっかりと当てる。

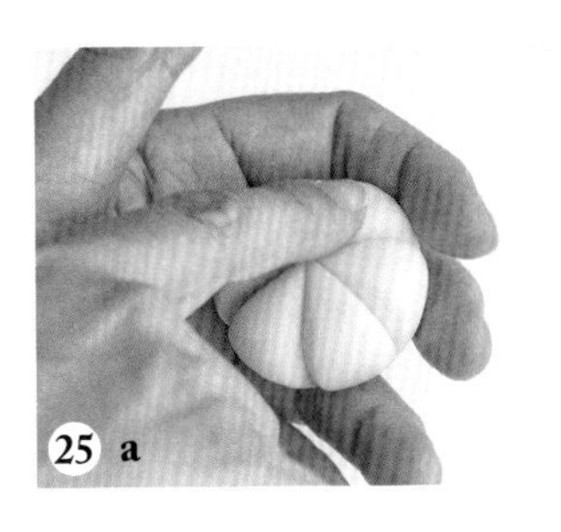

▶

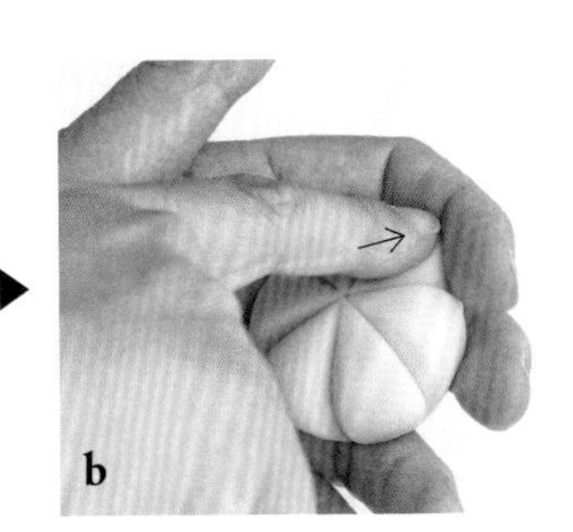

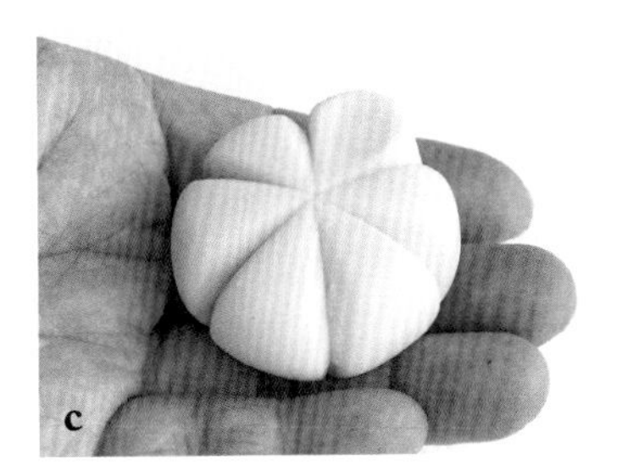

▶

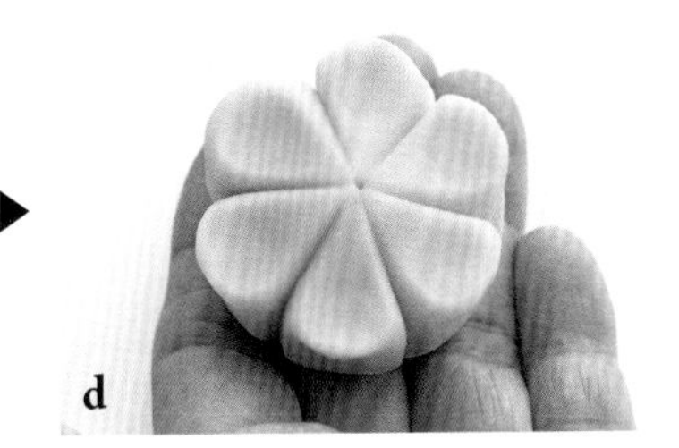

a 反対の人差し指の腹を花びらの中心より外側（筋を消さない位置）に当てる。**b・c** 縁に向かって滑らせるように、花びらの縁に当てた人差し指に当たるまで真っすぐ指を押し出す。**d** 同様にすべての花びらを押し出し、筋が薄くなったら三角棒で入れ直す。

E 花びら　つまむ

指先に置き直し、反対の手を下から回して練り切りをのせた4本指を抱え込むようにし、親指と人差し指の腹で花びらの縁を下から軽くつまみ、先端を少しとがらせる。回しながらすべての花びらを同様につまむ。

◎力を入れすぎるとつぶれてしまうので注意。

花びらの完成。

F 花芯

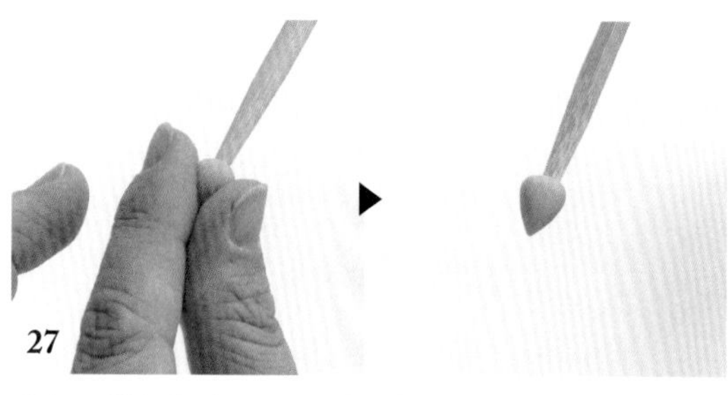

黄色の練り切りあんを練り直して丸め（直径約1cm大）、箸先に軽くさし込む。親指と人差し指でつまんで円すい形に整える。

◎箸先に差し込む前に、丸めたあんを**26**の中心に置いて大きさを見てから整えるとバランスよく仕上がる。箸先をかたく絞ったぬれぶきんで拭いてから使うとくっつきにくい。

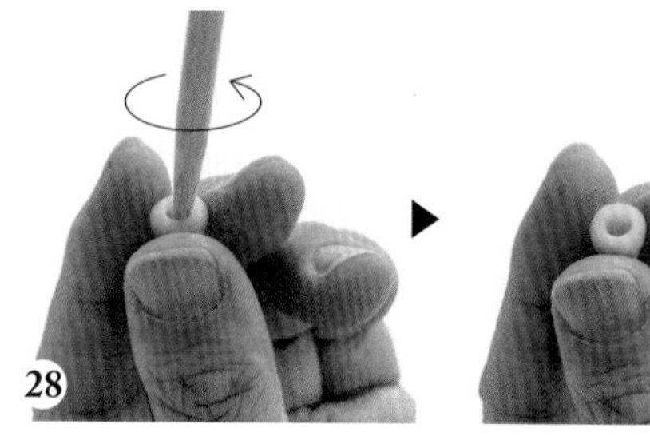

指でつまんだまま、箸を小さく円を描くように動かして穴を広げる。

◎**30**で立たせにくくなるので、穴は深くしない。

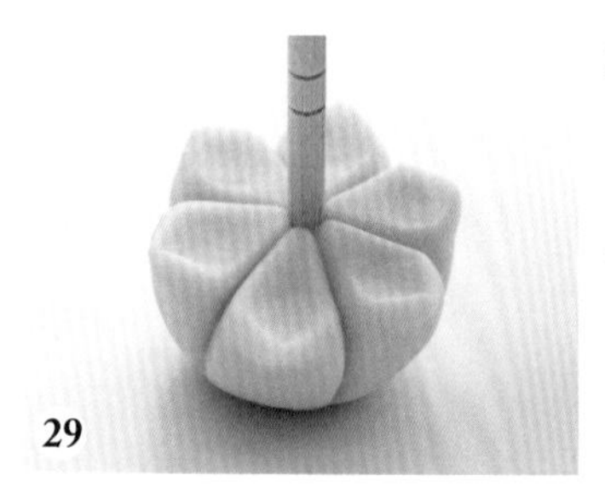

26の中心に箸の持ち手側の先端を浅くさしてくぼみをつける。

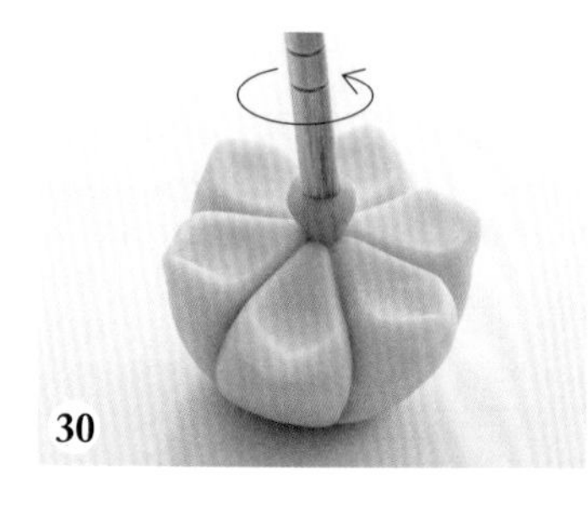

28の花芯を箸の先端に軽くさして**29**のくぼみに浅めにさし、箸を回転させながらゆっくりと真上に抜く。

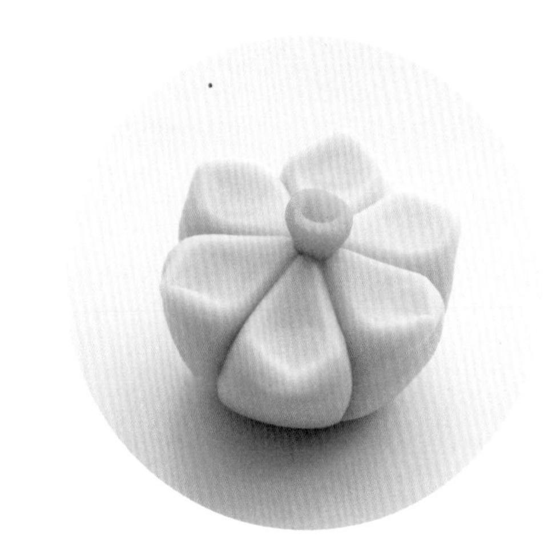

水仙の出来上がり

5. 色づけ

•練り切り1個分の色づけの分量の目安

練り切りあん(白色)……25g＋予備約15g
好みの色素……色素スプーン山盛り1杯

•用意するもの

好みの色素(ここでは黄色を使用)
色素カップ2個
色素スプーン(または薬味スプーン)
つまようじ
水(色素カップに10gほど入れておく)

色素液を作る

1 好みの色素を水の入っていないほうの色素カップの端に入れる。カップの底の角をトントンと台に当て、粉を端に寄せる。**2** 色素スプーンをきれいにして色素カップに入れた水をすくい(スプーンの裏側についた水は拭き取る)、色素の上に1滴落とす。**3** つまようじの持ち手側(とがっていないほう)でよく混ぜる。粘りが強い場合はつまようじに水をつけ、様子を見ながら粘りけがなくなりジェル状になるまで混ぜる。**4** つまようじで色素液を少し取り、カップの端につけてゆっくり離し、少し糸が引くくらいの粘りになったら混ぜ終わり。

◎3の足し水は入れすぎないように注意し、ごく少量にする。黒は吸水性が高いので水の量は多めにする。一度にまとめて作るなど色素の量が多いときは、スポイトを使ってもよい。

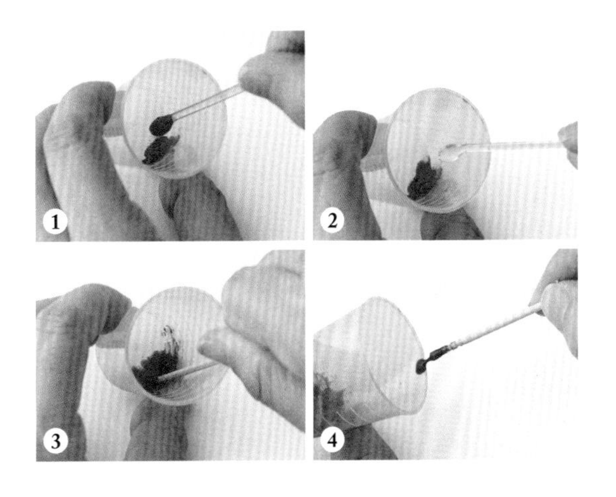

色玉を作る

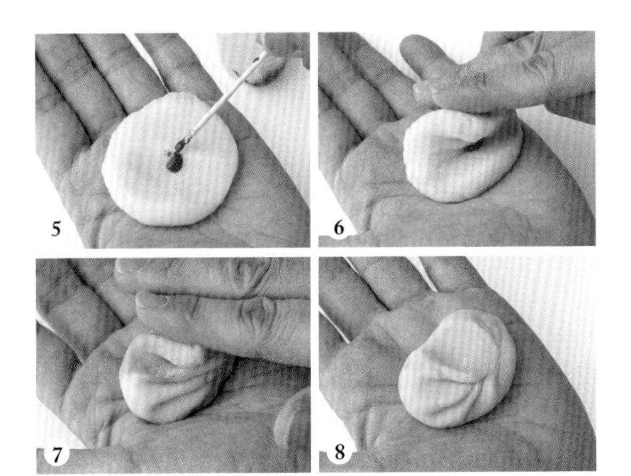

5 練り切りあん25gを丸めて両手のひらで軽く押さえて平らにし、**4**をつまようじですくって真ん中にのせる。**6** 色素液を包み込むようにあんを折りたたむ。**7** 練り切りあんに入れ込むように、色素液を少しずつ練り混ぜる。**8** 全体が均一になったら丸めておく。

◎練りはじめに色素液がはみ出ると、手にべったりついて色むらの原因になるので、液を包み込むように練り切りあんを折りたたむ。ある程度混ぜ込んでから全体を練ると、色が均一になる。時間が経つとかなり色が濃くなるので、15分ほどおいてから色を確認する(色が濃い場合の調整方法はp.28「色を薄める」参照)。

パーツ用に少しだけ色づけする場合

花芯や葉っぱ、ほっぺやぼかしなど少量の色玉を作るときは、必要な分量の練り切りあんと少量の色素液を使い、p.27の**5**～**8**と同様にして右の**a**～**d**の順に作る。色が濃くなりすぎたら、下記と同様にして色を薄める。

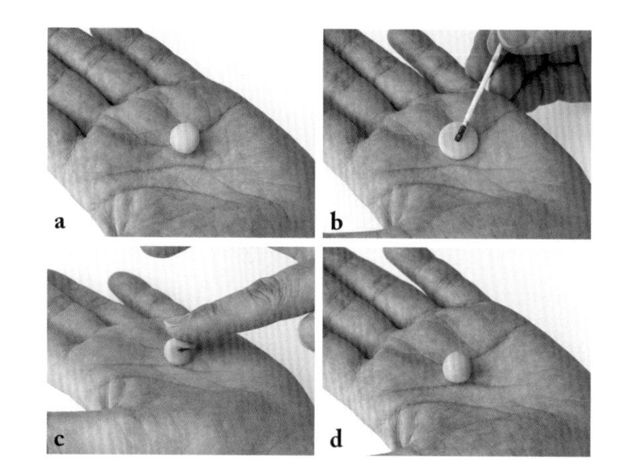

色を薄める

a p.27の**8**と予備の白色の練り切りあん適量（色玉の濃さによって分量を調節する）をそれぞれ丸める。**b** 重ねて上から押さえ、平らにする。**c** 折りたたみながら練り混ぜる。**d** 全体が均一になったら丸める。右が元の色、左が薄めた色。

◎それぞれの和菓子の色に合わせて、さらに薄くしたい場合は予備の白色のあんを足して調節する。色が濃いからと白色をどんどん足すと大量の色玉ができてしまうので、使う分量によって最初の色玉を少量にするなど工夫するとよい。

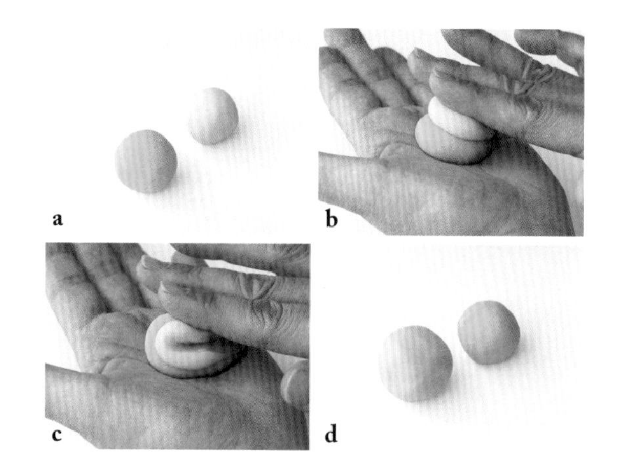

粉物で色づけする場合（ここではココアを使用）

ココア（茶色）や抹茶（緑色）などの粉物を使う場合は、練り切りあん25gに直接1～2g混ぜ込んで色づけする。粉物を入れすぎるとあんがかたくなるので、少しずつ混ぜて足りなければ足すとよい。

a 練り切りあんを丸めてオーブンシートの上にのせ、くぼみをつけるように指でつぶしてココアを1/2量のせる。**b** オーブンシートごと半分に折り、ココアを包み込む。**c** シートの上から手のひらのつけ根をあんに当て、向こう側へ押し出す。向きを変えながらくり返し、均一になるまで練り混ぜる。**d・e** オーブンシートを開いて、残りのココアを少しずつのせて**b**～**c**と同様にしてくり返し、色とかたさを確認する。**f** 全体が均一になったら丸める。

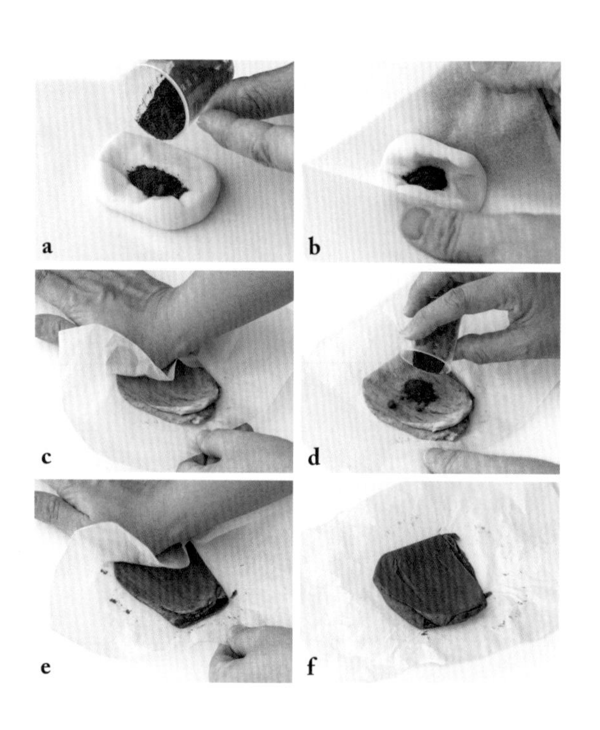

3月——5月

ぽかぽか陽気に誘われて生き物が動きだし、
新生活が始まって節句や行事が続く季節。
ピンク色や水色で春らしく染めた
練り切りあんの和菓子で
お祝いの席を盛り上げましょう。

3月　桃の節句

桃の花　*classic*

ひな祭りに桃の花を飾るのは、魔除けの願いが込められているから。
そんな桃の繊細な色合いを、ピンク色のあんを包んでやさしくぼかしました。
チラリとのぞく黄色い花芯が魅惑的です。

作り方 —— p.32

modern おひなさま

3月3日のひな祭りは、女の子の健やかな成長を祝う五節句のひとつ。
華やかなひな人形を飾ると、大人も子どもも気分が上がります。
淡い春色の男雛と女雛を作って食卓で楽しむのもおすすめです。

作り方 —— p.34

桃の花

•材料　1個分

〈練り切りあん* **a**〉

白色……15g

薄いピンク色**1**……8g

黄色……3g

*練り切りあんの作り方はp.15、色づけはp.27、色配合はp.48参照。

中あん(p.19参照)……13g

•道具

ふきん(ぬらしてかたく絞る)／定規／茶こし／竹串／三角棒／ささら

a

•作り方

白色の練り切りあんをp.21の作り方**1**～**2**と同様にして直径4cmくらいに広げ、薄いピンク色**1**の練り切りあんを側面を持ってのせる。

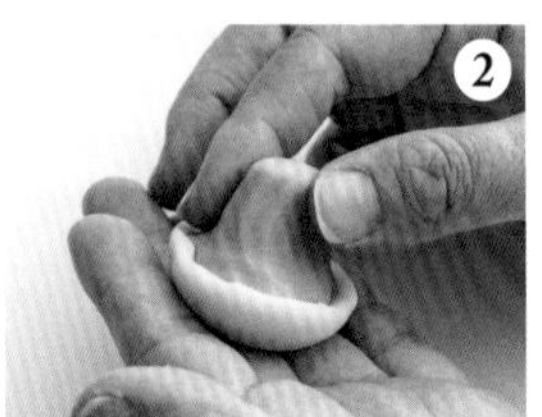

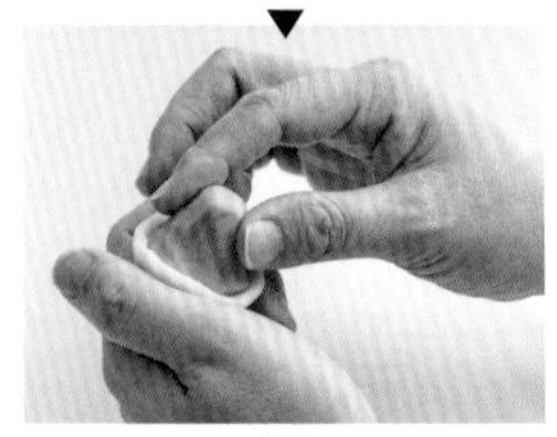

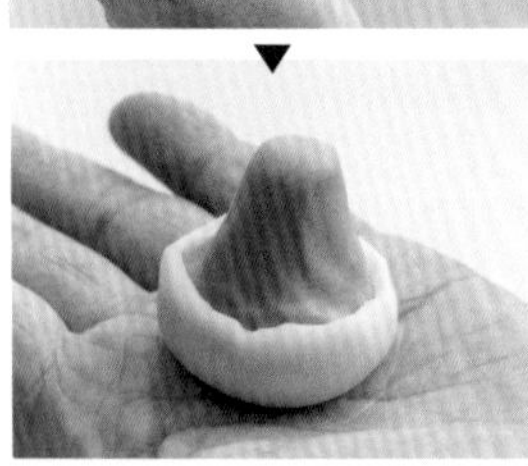

p.22の作り方**8**～**9**を参考にして、薄いピンク色**1**のあんを指先でつまんで押さえ、白色のあんの縁がピンク色のあんの下1/3くらいの高さになるまで回しながら立ち上げる。白色のあんの縁をピンク色のあんにくっつける。

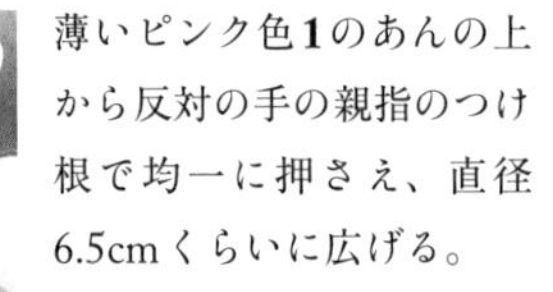

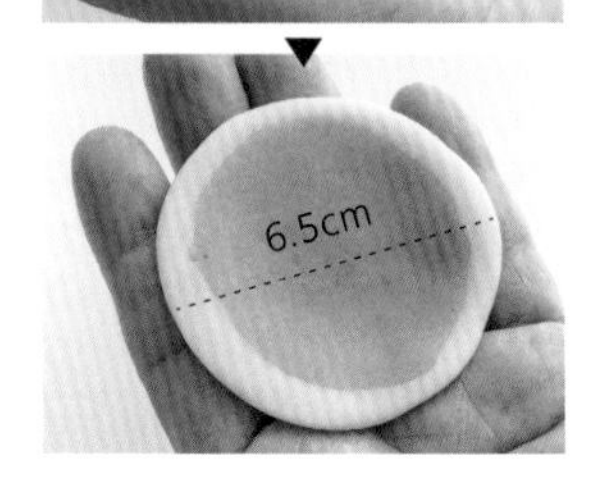

薄いピンク色**1**のあんの上から反対の手の親指のつけ根で均一に押さえ、直径6.5cmくらいに広げる。

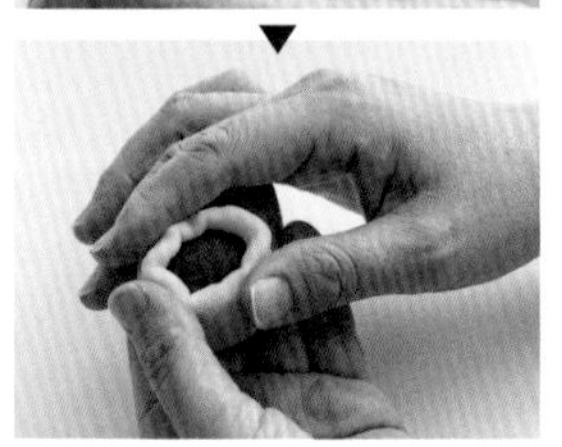

3の真ん中に中あんをのせ、p.21の作り方**4**～**11**と同様にして包む。

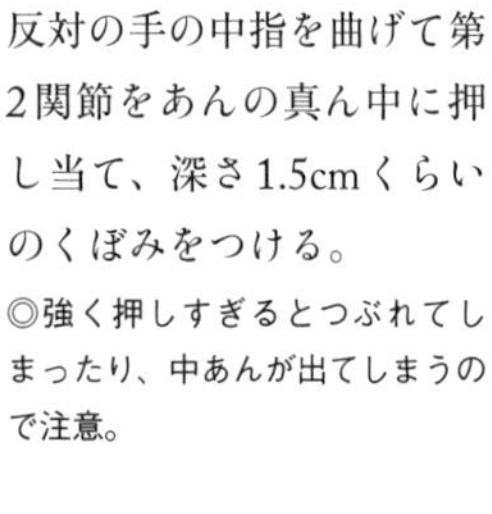

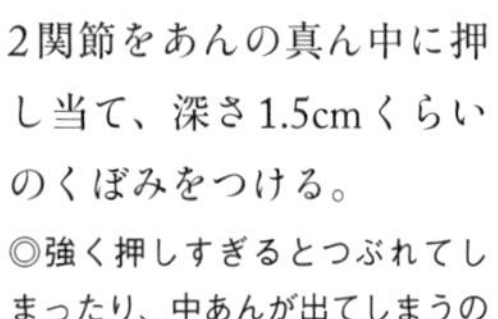

閉じ目を下にして両手のひらで挟んで転がしながら、低めの丸形に整える。

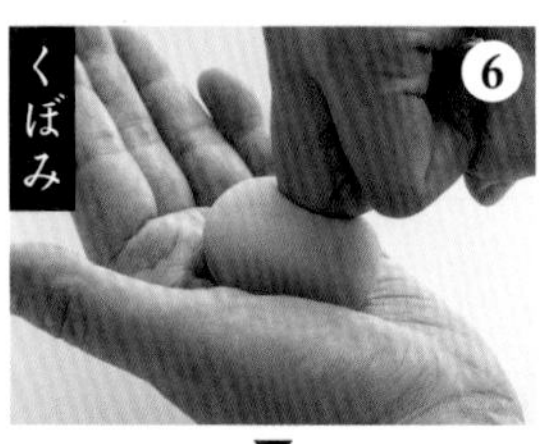

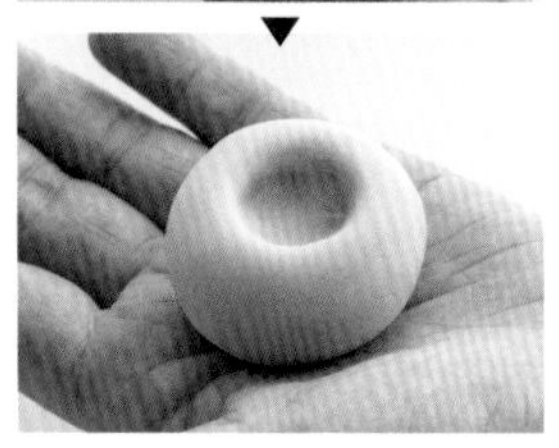

反対の手の中指を曲げて第2関節をあんの真ん中に押し当て、深さ1.5cmくらいのくぼみをつける。

◎強く押しすぎるとつぶれてしまったり、中あんが出てしまうので注意。

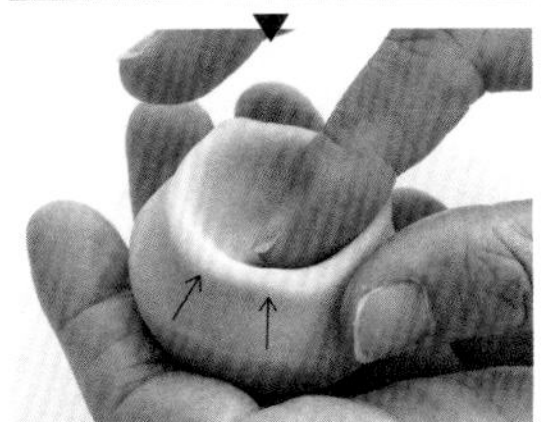

7 6を指の真ん中あたりに置き直し、くぼみの縁の少し下を親指と人差し指の腹で挟み、垂直に挟みながらくぼみの底から上方向へ薄く伸ばす。

◎あんがくっつかないように、指先をかたく絞ったぬれぶきんでこまめに拭きながら行う。

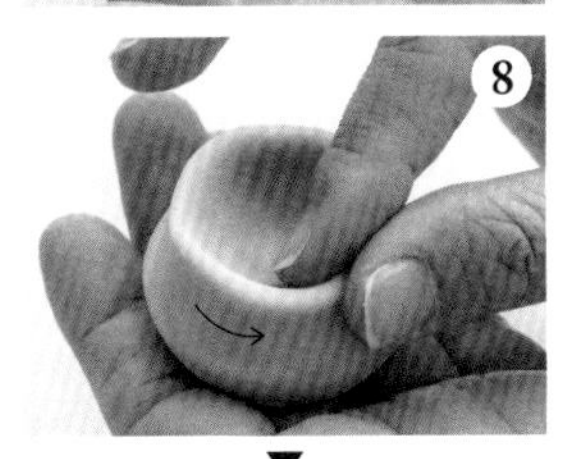

8 最後に縁のきわを親指と人差し指の腹でやさしく挟み、さらに薄く整える。

◎指のあとが残らないように指の腹を使うこと。

花芯 そぼろ

9 黄色の練り切りあんを5mm厚さの楕円形に丸め、茶こしの内側に当てて親指の腹でゆっくり押し出す。

10 竹串の先端をかたく絞ったぬれぶきんで拭き、茶こしの網目に当てて真横に滑らせるようにしてそぼろを取る。

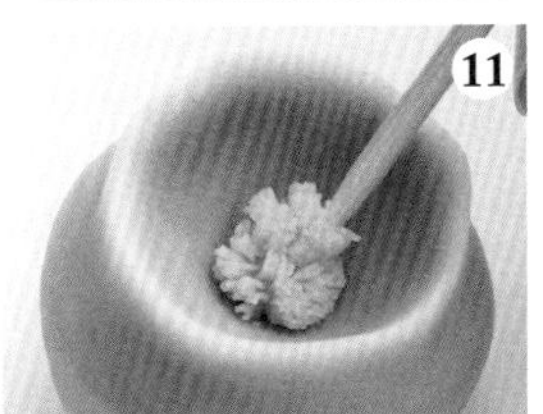

11 **8**のくぼみに2〜3回に分けて植えつけるように竹串の先端をあんにさしてのせる。

◎竹串をくるっと回しながら抜くと、そぼろがきれいにはずれる。1回ずつ竹串の先端を拭くこと。

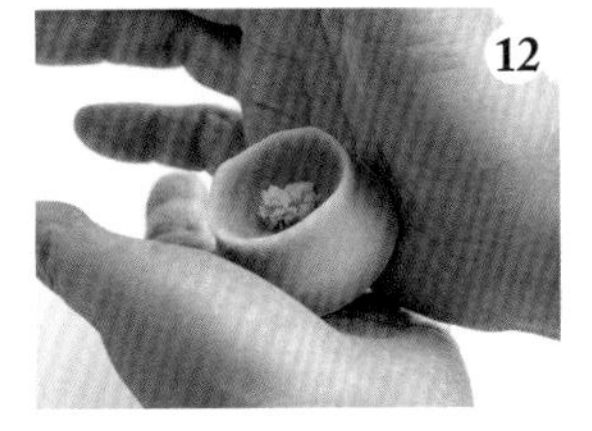

12 両手のひらの真ん中あたりで挟み、転がしながら底と側面の形を整える。

花びら 筋入れ❶

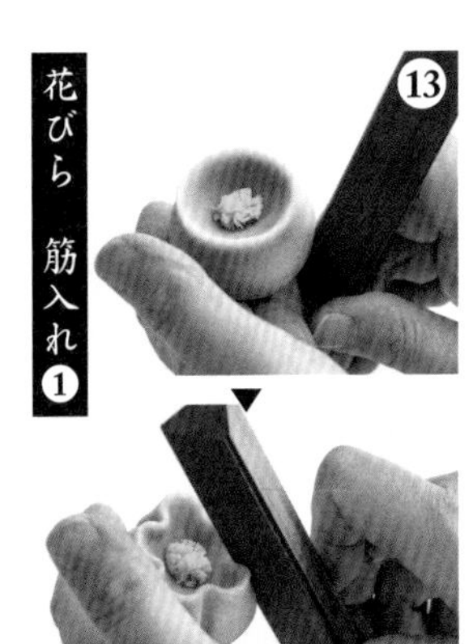

13 p.24の作り方**20**と同様にして**12**を持ち、三角棒はゆるい角が練り切りに当たるように持つ。同**22**を参考にして、底からくぼみの縁に向かって筋を5本入れる。このとき、くぼみの口を閉じないよう、練り切りの縁まで筋を入れたら、三角棒を完全に寝かせずスッと抜く。

花びら 筋入れ❷

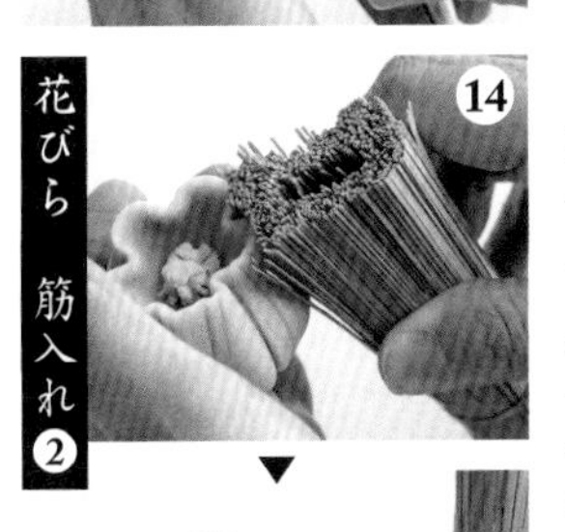

14 ささらの先を上にして持ち、**13**の筋と筋の間に押し当てて、くぼみの縁に向かって筋をつける。

◎シワのような筋にしたいので均一でなくてOK。ささらがない場合は、三角棒を軽く押し当ててまばらに筋を入れていく。

仕上げ

15 三角棒の平らな面を**14**の側面に当て、下から上に向かって弧を描くように動かし、形を整えながら花びらの縁を内側に少し入れ込む。

◎ささらでつけた筋をなじませるイメージで行う。練り切りが変形しないよう、三角棒の平らな面は真っすぐに当てること。この作業を飛ばして作り方**16**に進んでもOK。

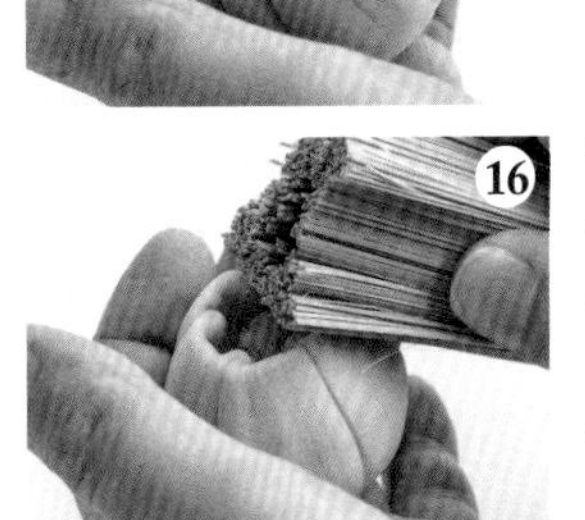

16 最後にささらでくぼみの縁のまわりを押さえ、丸みが出るように口を自然にすぼませる。

◎全体を見ながら形を整える。ささらがない場合は、指の腹で行ってもよい。

おひなさま

•材料　各1個分

女雛
〈練り切りあん* p.35**a**〉
薄いピンク色**2**……22g
白色……2g
茶色……2g
＊練り切りあんの作り方はp.15、色づけはp.27、色配合はp.48参照。

男雛
〈練り切りあん* p.35**b**〉
水色……22g
白色……2g
茶色……2g
黄色……1g

中あん（p.19参照）
……13g × 2個
金箔（女雛用）
……少々

•作り方

貼りぼかし

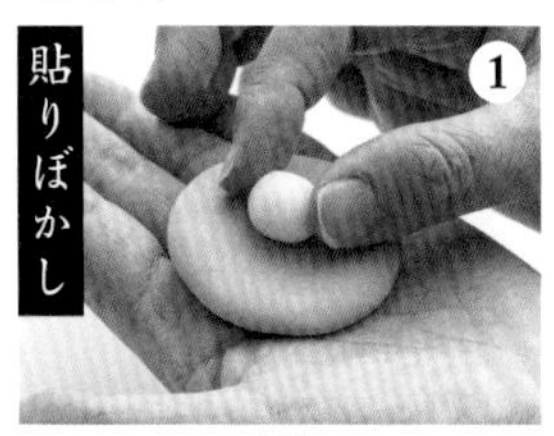

1 女雛を作る。薄いピンク色**2**の練り切りあんをp.21の作り方**1**～**2**と同様にして直径5cmくらいに広げ、白色の練り切りあんを真ん中に置き、上から親指のつけ根で一気に押さえて平らにする。
◎男雛は**b**の練り切りあんで、**1**～**4**と同様にして「襟」まで作る。

包あん

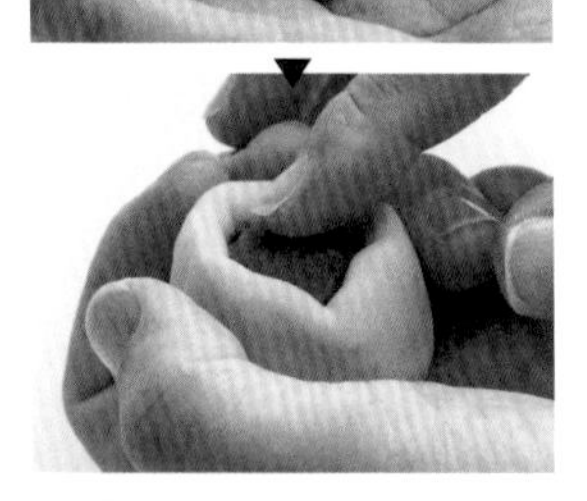

2 **1**を裏返し、両手のひらで挟んで均一に押さえ、直径6.5cmくらいに広げる。真ん中に中あんをのせ、p.21の作り方**4**～**11**と同様にして包む。

成形

3 閉じ目を下にして両手のひらで転がしながら、低めの丸形に整える。

襟

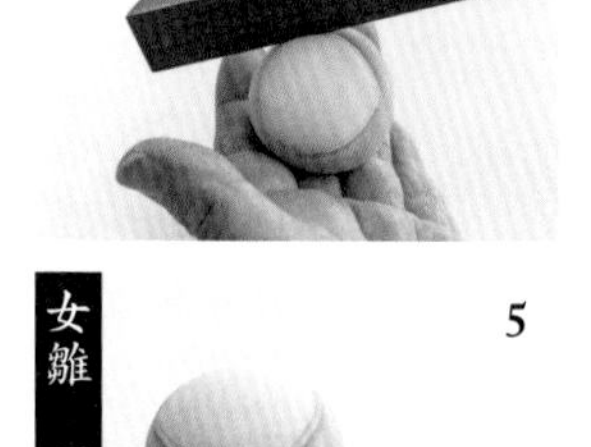

4 白色と薄いピンク色**2**のあんの境目に三角棒の二重線の角を当て、着物の襟をイメージして真ん中で合うように左右から筋を入れる。
◎三角棒に二重線の角がない場合は、鋭い角で筋を2本入れる。

女雛　頭部

5 茶色の練り切りあんを3：2に分け、小さいほうをさらに2等分してそれぞれ丸める。

6 **4**を閉じ目を下にして置き（白色のあんが上になる）、**5**の茶色いあんの大きいほうを白色のあんの真ん中にのせ（後ろすぎないよう注意）、軽く押してつける。

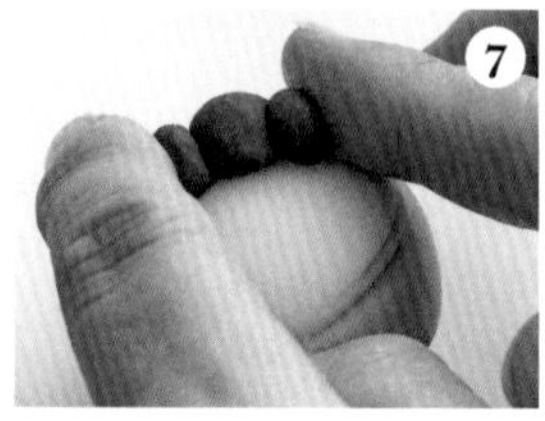

7 残りの小さいあんを大きいあんの左右に並べ、人差し指の腹でキュッと押してつける。

金箔

8 金箔を竹串の先に取り、襟元につける。

• 道具

ふきん(ぬらしてかたく絞る)／定規／三角棒／
竹串／箸／オーブンシート(10×10cm)／
平板(小／7×10cm)1枚／ミニへら

a

b

男雛 頭部

9

p.34の**1**～**4**と同様にして作る。茶色の練り切りあんを2等分してそれぞれ丸める。

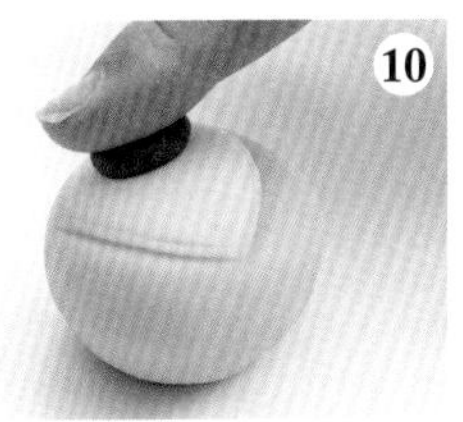
10

4を閉じ目を下にして置き(白色のあんが上になる)、**9**の1つを白色のあんの真ん中にのせ、指の腹で軽く押してつける。

11

10の上から箸の持ち手側の先端を押しつけてくぼみをつける。

12

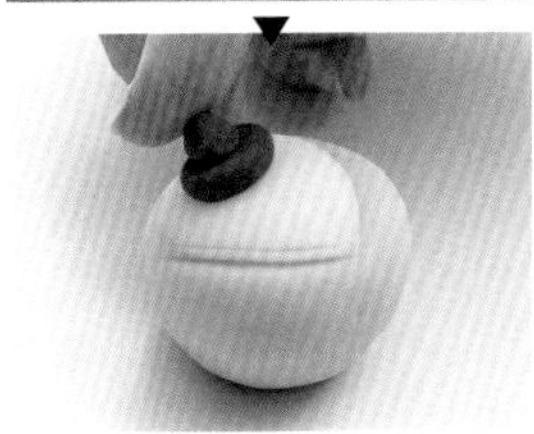

残りの茶色のあんを手のひらにのせ、反対の手の人差し指の腹で転がしてしずく形にする。とがったほうを**11**のくぼみにはめて軽く押す。

笏(しゃく)

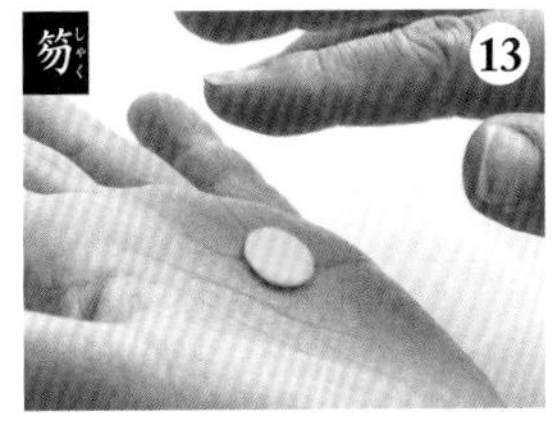
13

黄色の練り切りあんを手のひらにのせて反対の人差し指の腹で押さえて平らにする。

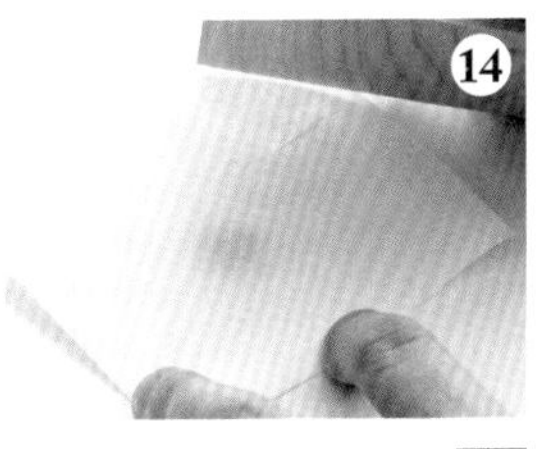
14

オーブンシートを折って挟み、上から平板で均一に押さえて直径1cmくらいの円形に広げる。

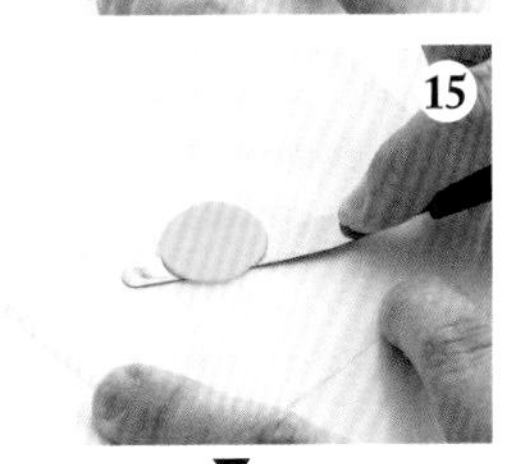
15

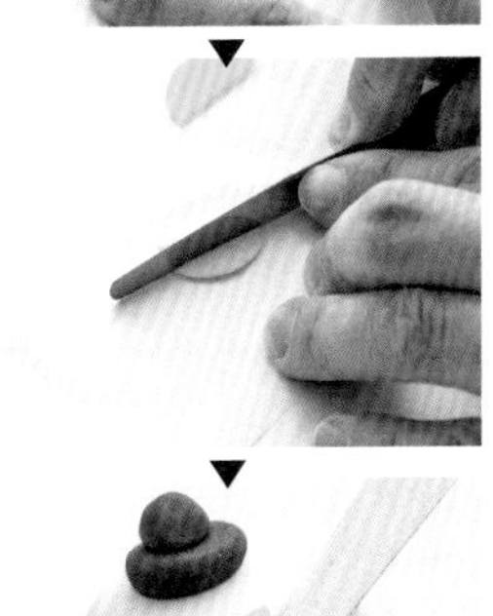

ミニへらでオーブンシートから一度はがしてのせ直す。ミニへらで半分に切り離し（残り半分は使わない）、笏(しゃく)のイメージで細長い三角形に切り出して、そのまま襟元につけて指先で軽く押さえる。

4月　春爛漫（はるらんまん）

桜 *classic*

桜前線が北上し、一気に花の盛りがやってきます。
初心者向けの5弁の花びらに、「半包みぼかし」を入れて
はかなく散る桜の美しさを表現しました。

作り方 —— p.38

modern ランドセル

娘の小学校の卒業記念にはじめたこのレッスンですが、いまやその娘も大学生に。
ランドセルは入学、卒業に喜んでいただける意匠です。
新たな門出を祝して、好きな色で作ってあげてください。

作り方 — p.40

•材料　1個分

〈練り切りあん＊**a**〉

白色……10g

薄いピンク色**2**……16g

黄色……1g

＊練り切りあんの作り方はp.15、色づけはp.27、色配合はp.48参照。

中あん（p.19参照）……13g

•道具

ふきん（ぬらしてかたく絞る）／定規／竹串／三角棒／絹さらし（または薄手のハンカチ）／ペーパータオル／箸／茶こし

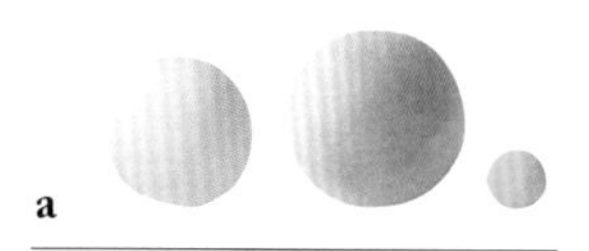

•作り方

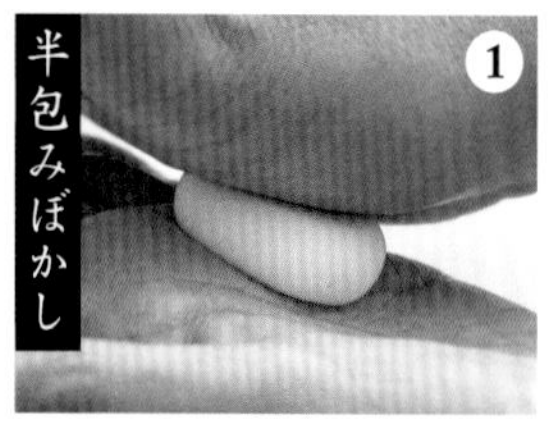

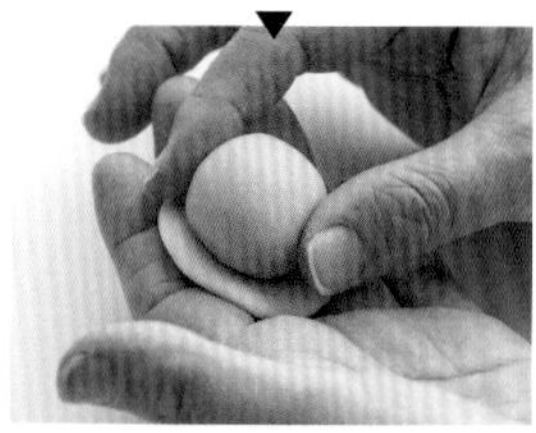

白色の練り切りあんをp.21の作り方**1**～**2**と同様にして直径4cmくらいに広げ、薄いピンク色**2**の練り切りあんを側面を持ってのせる。

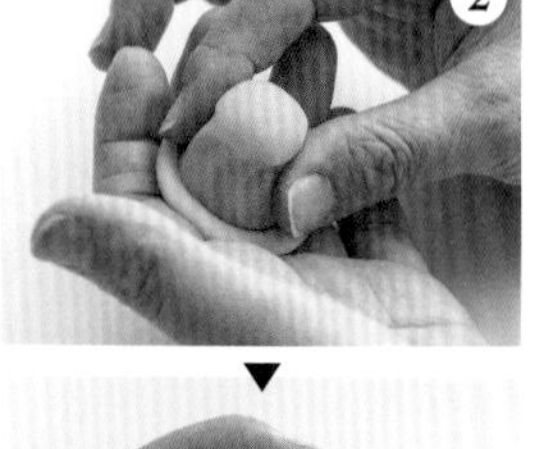

p.22の作り方**8**～**9**を参考にして、薄いピンク色**2**のあんの下のほうを指先でつまんで押さえ、白色のあんの縁がピンク色のあんの下1/3くらいの高さになるまで回しながら立ち上げる。白色のあんの縁をピンク色のあんにくっつける。

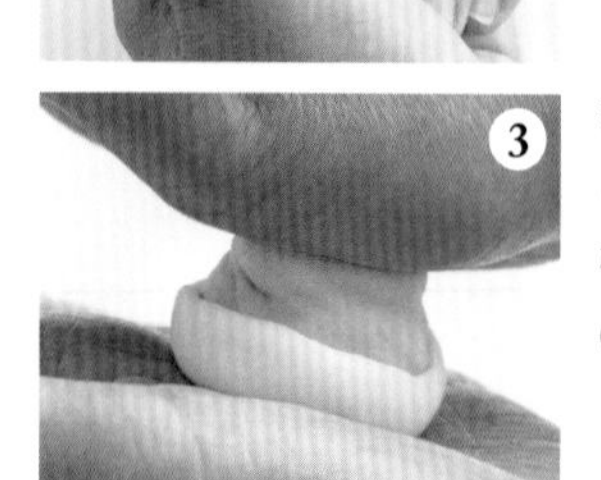

薄いピンク色**2**のあんの上から反対の手の親指のつけ根で均一に押さえ、直径6.5cmくらいに広げる。

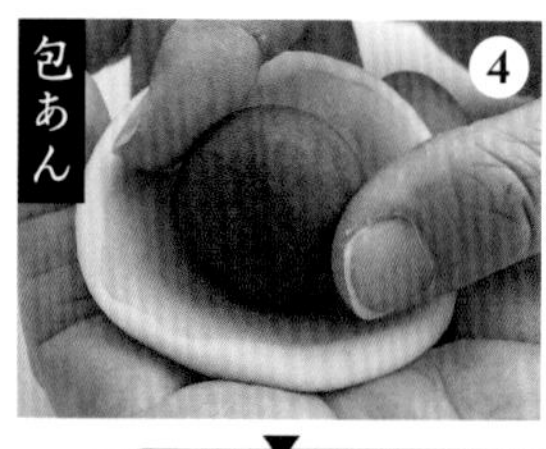

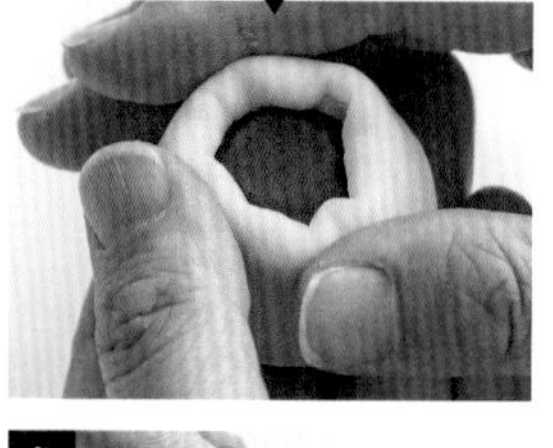

3の真ん中に中あんをのせ、p.21の作り方**4**～**11**と同様にして包む。

5 閉じ目を下にして両手のひらで挟んで転がしながら、低めのなだらかな丸形に整える。

花びら　筋入れ

6

p.24の作り方**19**～**22**を参考にして、中心に竹串で印をつけ、三角棒で深めに筋を5本入れる。最初にYの字に3本筋を入れ、残り2本を等分に入れる。

▼

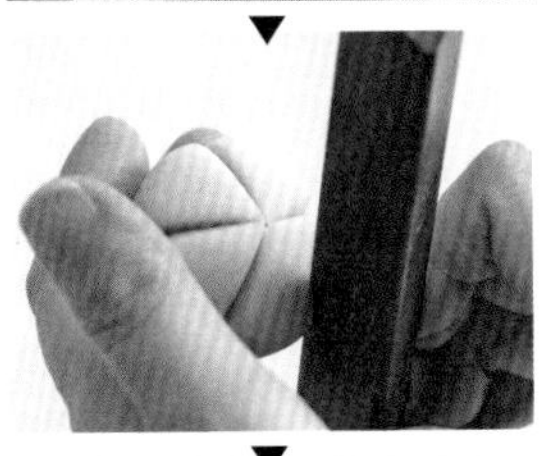

▼

花びら　押し出し

7

p.25の作り方**24**～**25**と同様にして、花びらを人差し指で押し出す。

▼

▼

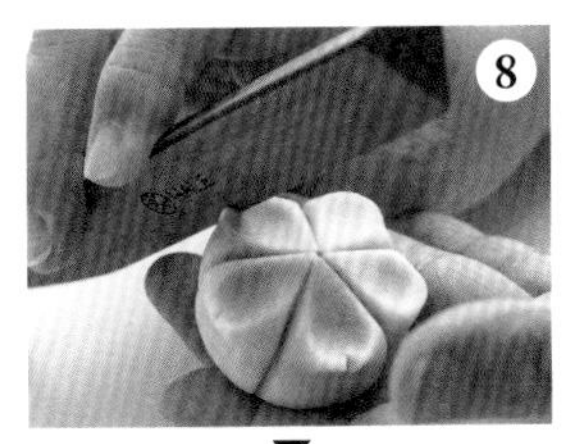

8

指先に置き直し、花びらの先端部分に三角棒の鋭い角を斜め上から当て、花びらの先を割る。

▼

花芯　くぼみ

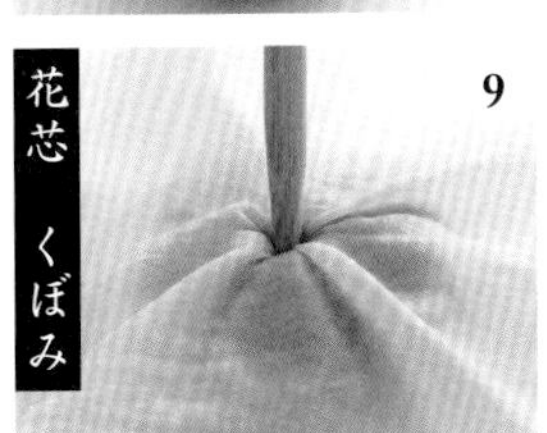

9

絹さらしを水でぬらしてかたく絞り、ペーパータオルで挟んで押さえ、水けをとる。さらしを広げて**8**にかけ、さらしの端を軽く押さえ、上から花びらの中心に箸の先端を5mmほどさし込んでくぼみをつける。

◎さらしを手でピンと張って押さえると、シワのあとが練り切りにつくのでふんわりとかける。

▼

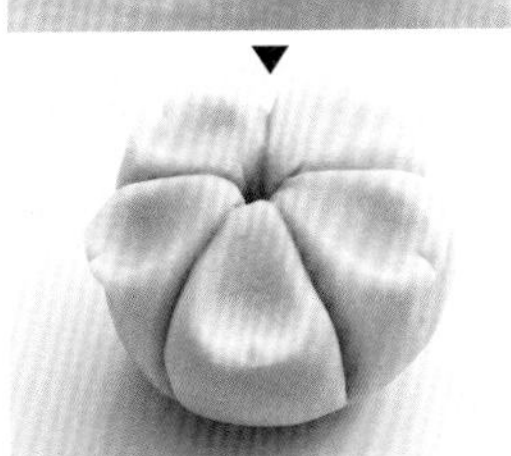

花芯　そぼろ

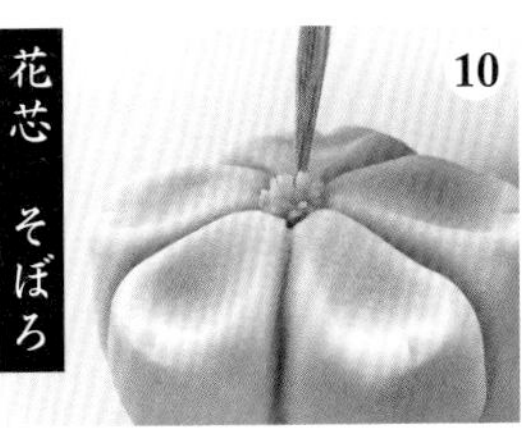

10

黄色の練り切りあんをp.33の作り方**9**～**11**を参考にして茶こしの内側に当てて押し出し、そぼろにする。竹串で取って**9**のくぼみにのせる。

◎竹串をくるっと回しながら抜くと、そぼろがきれいにはずれる。

▼

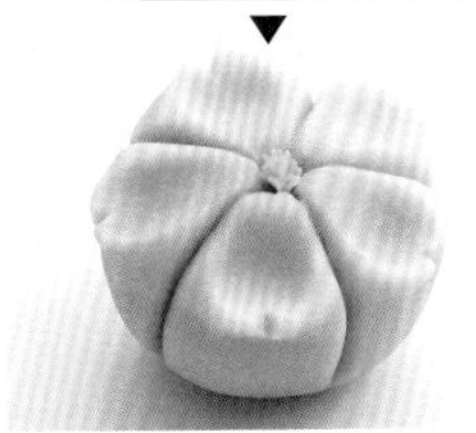

•材料　各1個分

〈練り切りあん＊**a**・p.41**b**・同**c**〉

水色、薄いピンク色**2**、赤色

……各20g × 2個

白色……1g × 3個

＊練り切りあんの作り方はp.15、色づけはp.27、色配合はp.48参照。

中あん(p.19参照)……13g × 3個

•道具

ふきん(ぬらしてかたく絞る)／定規／オーブンシート(10×30cm)／平板(小／7×10cm)2枚／カード／竹串／細いストロー

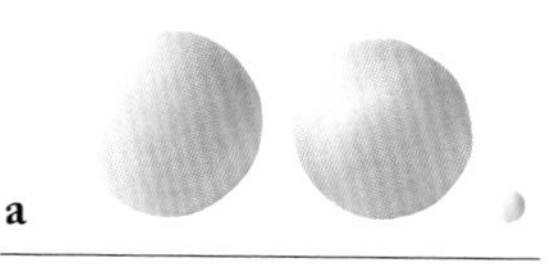

•作り方

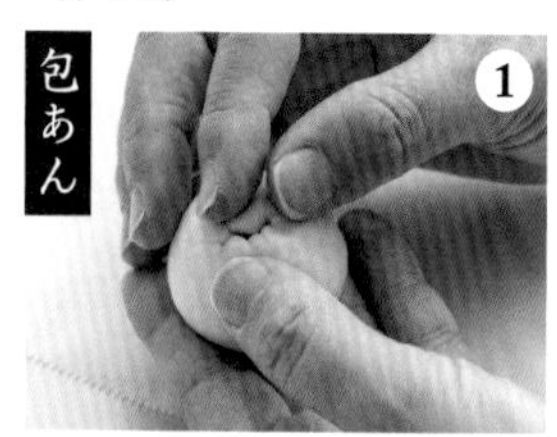

水色の練り切りあん1つをp.21の作り方**1**～**12**と同様にして広げ、中あんを包む。

◎ピンク色のランドセルは**b**、赤色のランドセルは**c**の練り切りあんで、以下同様にして作る。

オーブンシートの上に閉じ目を横にしてのせ、平板で挟んで四角に整える。90度回しながら平板で各面を押さえ、横3.5×縦3×奥行き2cmに成形する（下写真）。

◎大きすぎると和菓子ケースに入らないので注意。

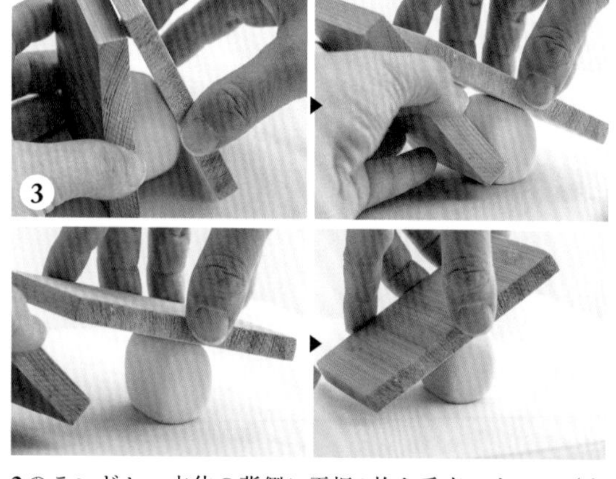

2のランドセル本体の背側に平板1枚を垂直に立てる（本体の前側に閉じ目がくる）。もう1枚の平板を前側から斜めに当て、ゆっくり弧を描くように背側へ倒す。背側の板に当たったらそのまま一緒に倒し、天面部分まできたら背側の板をはずし、前側の板の上部がオーブンシートに当たるまでゆっくり倒し、前から背に向かってゆるやかな丸みをつける。

◎乾燥しやすいので、成形が終わったら作業するまでケースのふたをかぶせておく。

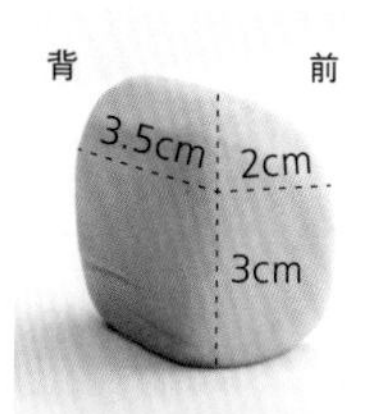

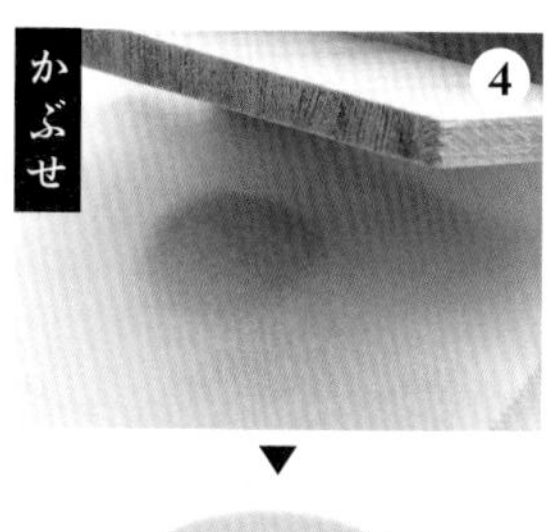

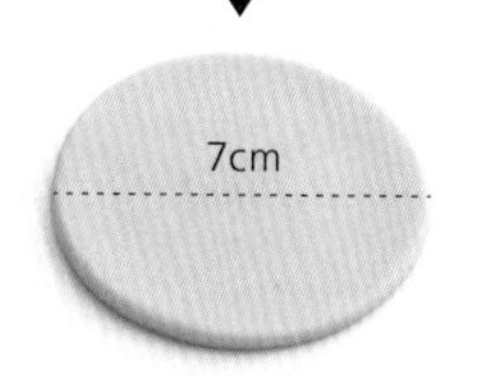

残りの水色の練り切りあんを手のひらで軽く押さえて平らにし、オーブンシートを折って挟む。上から平板で均一に押し、直径7cm、厚さ4mmほどの平らな円形に広げる。

◎真上から平板で押さえて均一に力をかけ、厚みを均等にする。

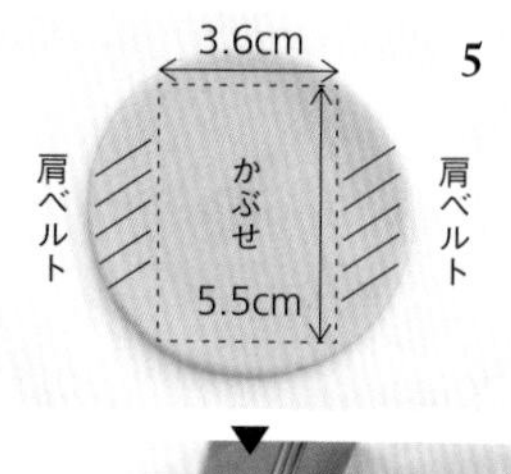

カードでオーブンシートから一度はがしてのせ直し、カードで縦5.5×横3.6cmの長方形にカットする。残った長いほうのあん2切れは肩ベルトに使用する。

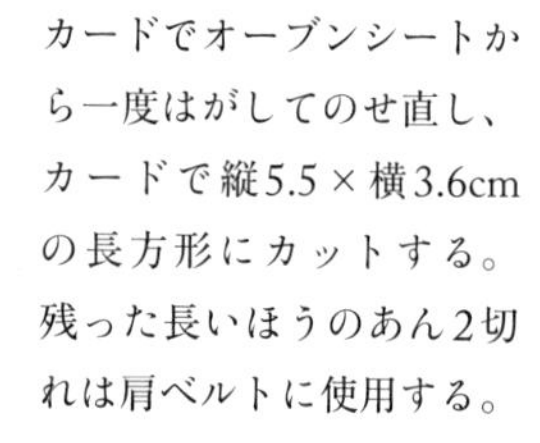

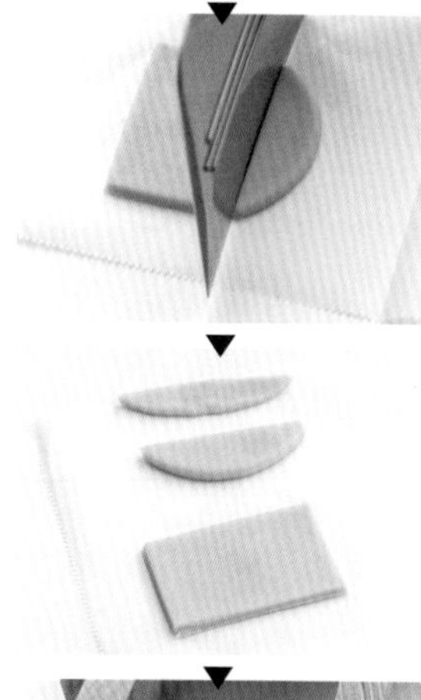

再度オーブンシートからはがしてのせ直し、形がゆがんでいたら平板で挟んで整える。表面が凸凹していたら、再度オーブンシートで挟んで上から平板でなでて整える。

◎指で行うと指あとが残るので注意。肩ベルト用のあんは乾燥しないようにラップで包む。

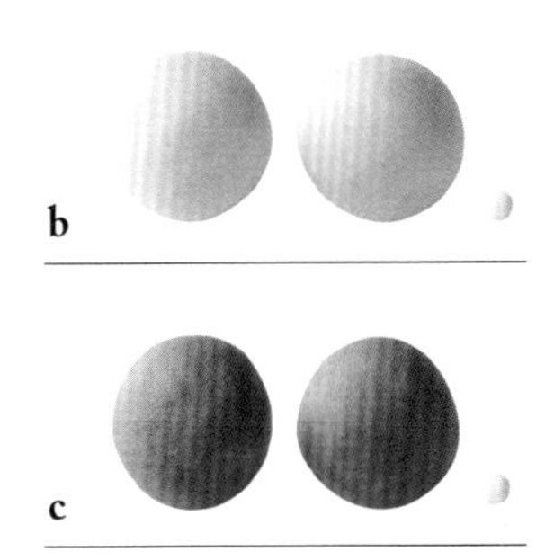

ミシン目

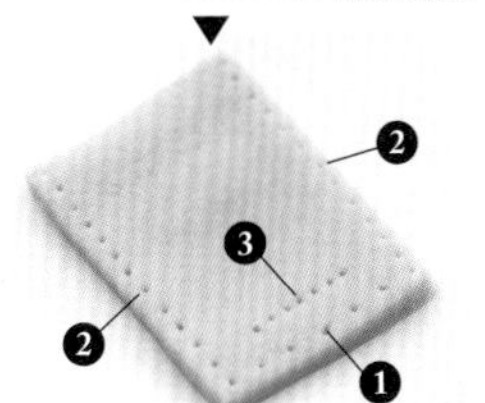

6 かぶせの3辺（長辺2、短辺1）の1mm内側に竹串でミシン目をつける。❶下になる横辺の1mm内側の左右の角と中心に印をつけ、3点を結ぶように等間隔に竹串をさす。❷縦辺2本も同様にする。❸最初に入れた横辺の1cm内側にも、縦辺2本の1cm内側まで同様にして竹串をさす。

◎竹串は垂直に軽くさし、貫通させない。

ボタン

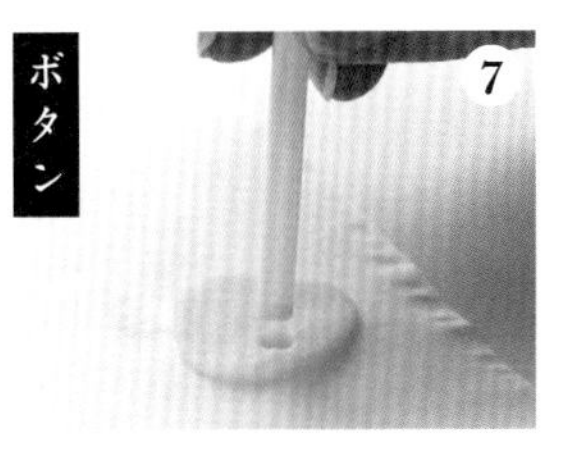

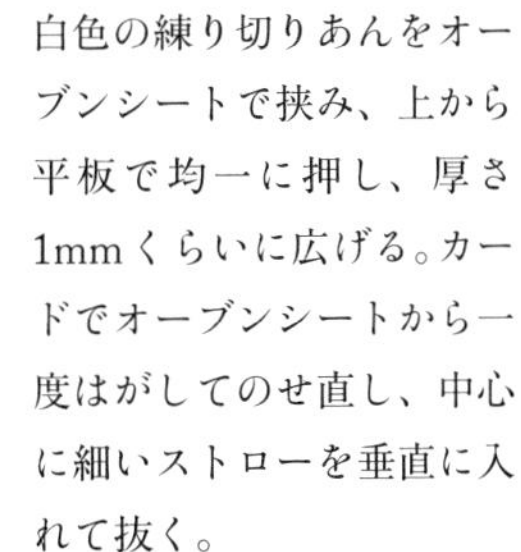

7 白色の練り切りあんをオーブンシートで挟み、上から平板で均一に押し、厚さ1mmくらいに広げる。カードでオーブンシートから一度はがしてのせ直し、中心に細いストローを垂直に入れて抜く。

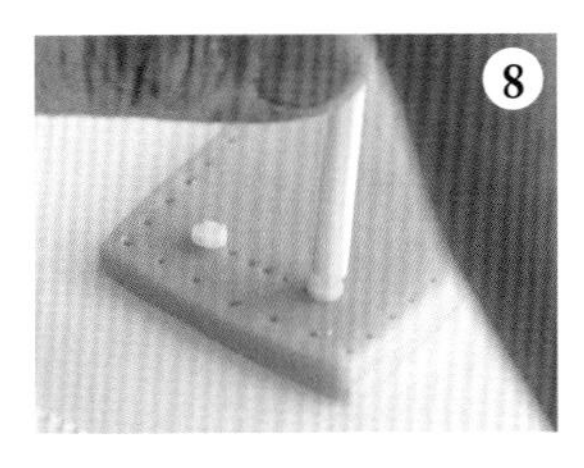

8 そのまま6の❸のミシン目の端にストローの先を当て、ストローの穴に竹串の持ち手側を通してあんを押し出し、指の腹でちょんちょんと押さえる。同様にしてもう1つもつける。

肩ベルト

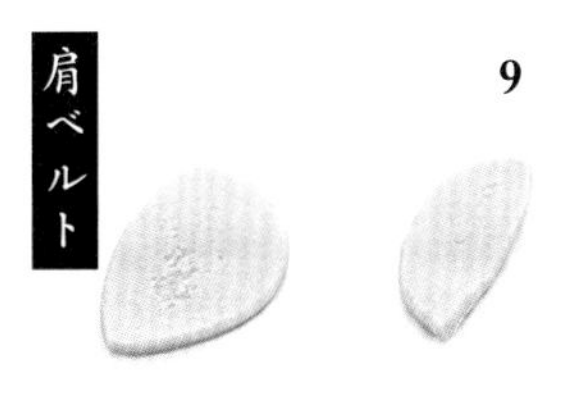

9 5の肩ベルト用のあんをオーブンシートで挟み、上から平板で押さえて3mmほどの厚さにする。

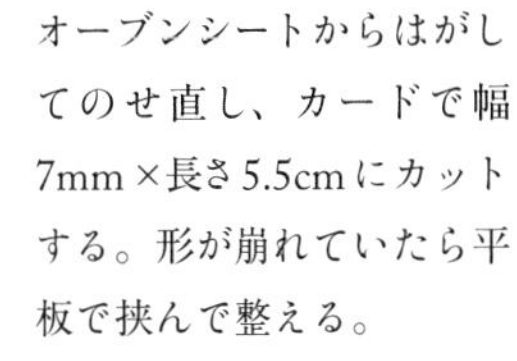

10 オーブンシートからはがしてのせ直し、カードで幅7mm×長さ5.5cmにカットする。形が崩れていたら平板で挟んで整える。

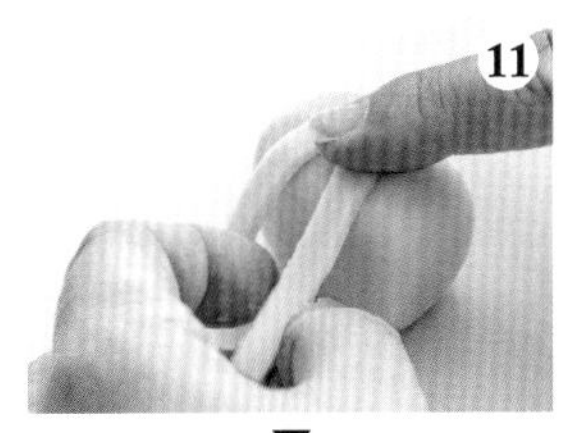

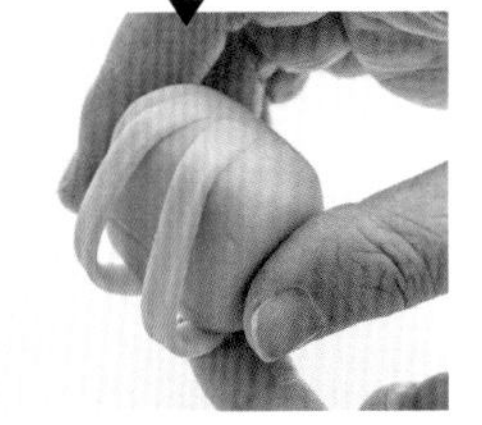

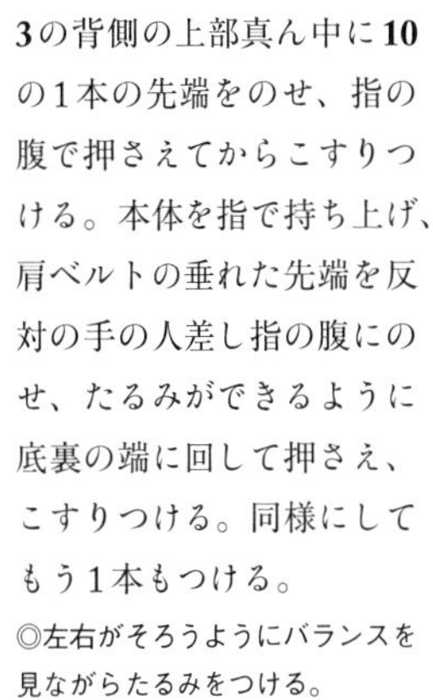

11 3の背側の上部真ん中に10の1本の先端をのせ、指の腹で押さえてからこすりつける。本体を指で持ち上げ、肩ベルトの垂れた先端を反対の手の人差し指の腹にのせ、たるみができるように底裏の端に回して押さえ、こすりつける。同様にしてもう1本もつける。

◎左右がそろうようにバランスを見ながらたるみをつける。

かぶせ 仕上げ

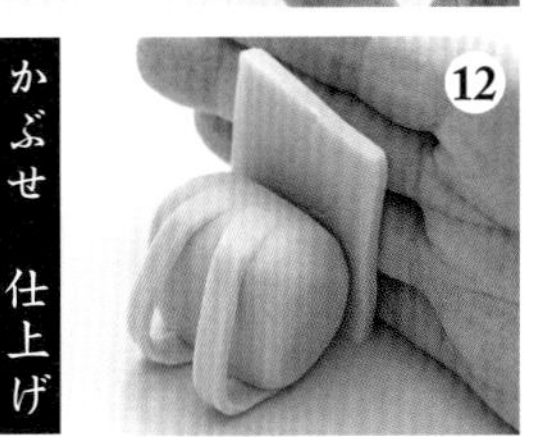

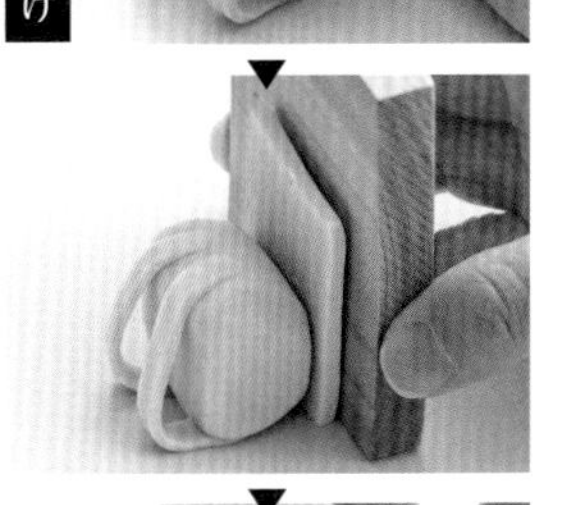

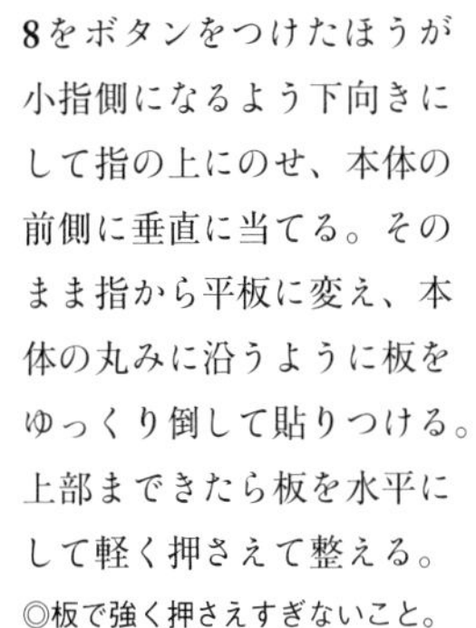

12 8をボタンをつけたほうが小指側になるよう下向きにして指の上にのせ、本体の前側に垂直に当てる。そのまま指から平板に変え、本体の丸みに沿うように板をゆっくり倒して貼りつける。上部まできたら板を水平にして軽く押さえて整える。

◎板で強く押さえすぎないこと。

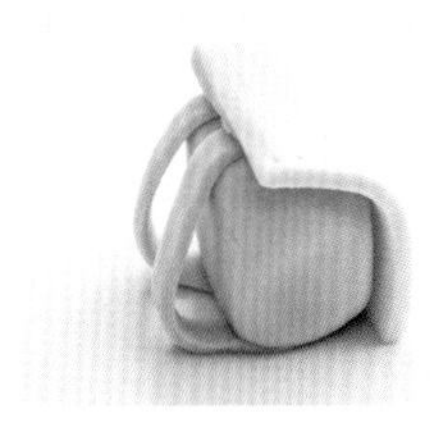

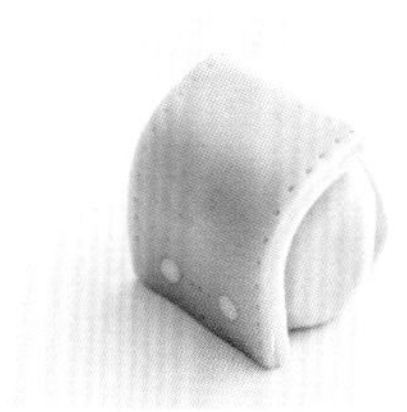

5月　端午の節句

classic 花菖蒲

見頃を迎える花菖蒲も
端午の節句と深い関わりがある縁起物。
菖蒲湯に使われる葉菖蒲とは別の植物で、
アヤメ科の花です。
「裏打ちぼかし」で花を表現し、
節句を祝いましょう。

作り方 —— p.44

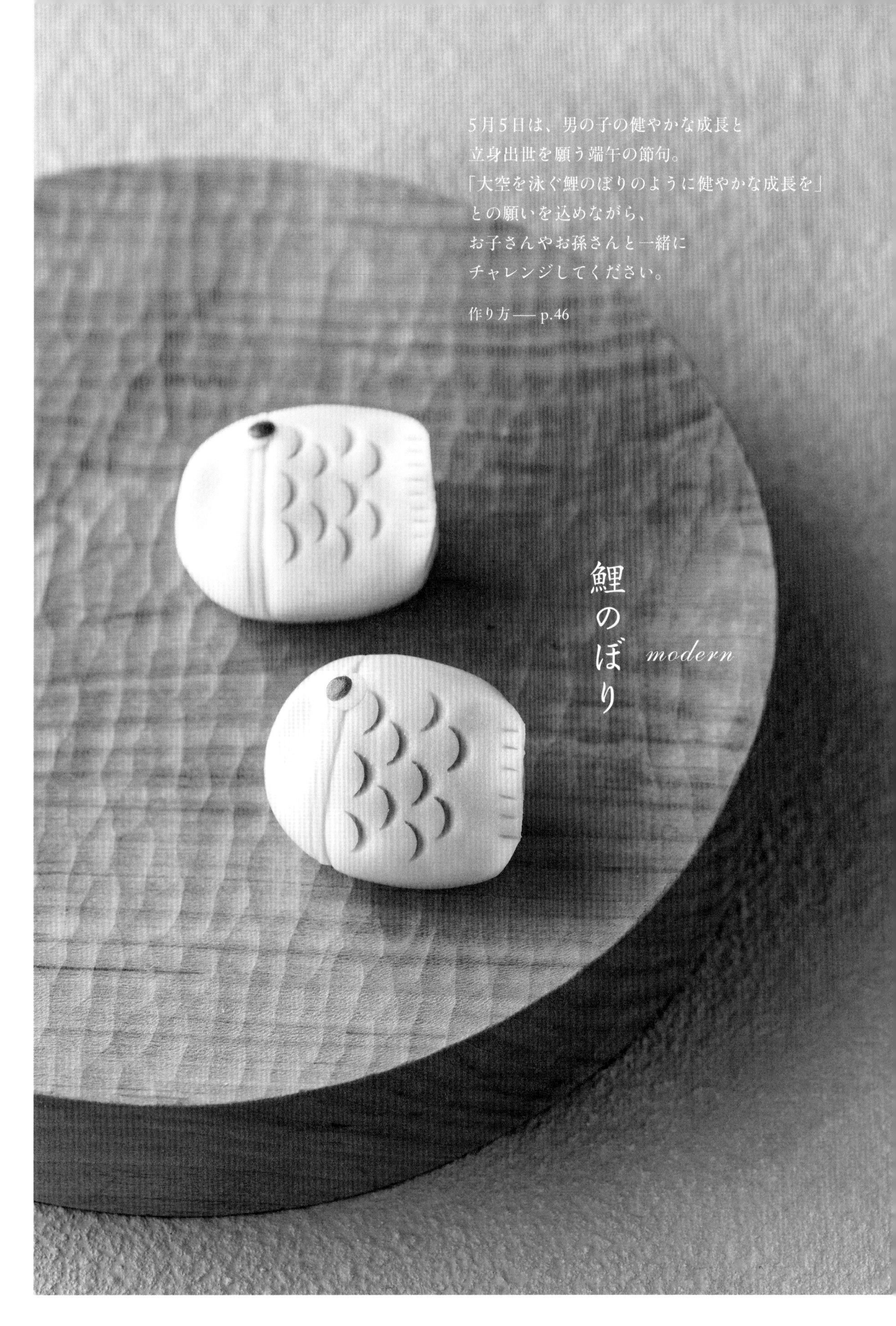

鯉のぼり *modern*

5月5日は、男の子の健やかな成長と
立身出世を願う端午の節句。
「大空を泳ぐ鯉のぼりのように健やかな成長を」
との願いを込めながら、
お子さんやお孫さんと一緒に
チャレンジしてください。

作り方 —— p.46

花菖蒲（はなしょうぶ）

•材料　1個分

〈練り切りあん*a〉

白色……22g

紫色……3g

黄色……1g

緑色……2g

*練り切りあんの作り方はp.15、色づけはp.27、色配合はp.48参照。

中あん（p.19参照）……13g

•道具

ふきん（ぬらしてかたく絞る）／定規／ミニへら／押し棒（先端が太くて丸いタイプ）／オーブンシート（10×10cm）／平板（小／7×10cm）1枚

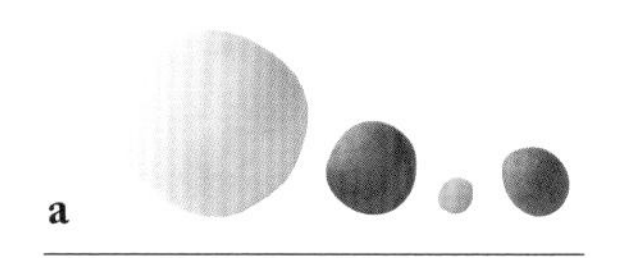

•作り方

1　白色の練り切りあんを19gと3gに分け、それぞれ丸める。

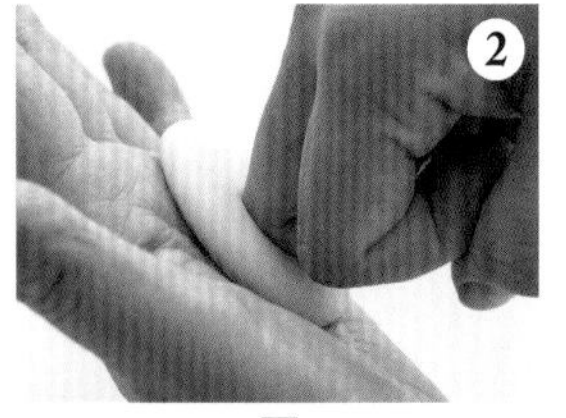

2　1の白色のあん19gをp.21の作り方1～2と同様にして直径5cmくらいの平らな円形に広げる。反対の手の中指を曲げて第2関節をあんの真ん中に押し当て、浅めのくぼみをつける。

◎強く押しすぎると穴があいてしまうので注意。

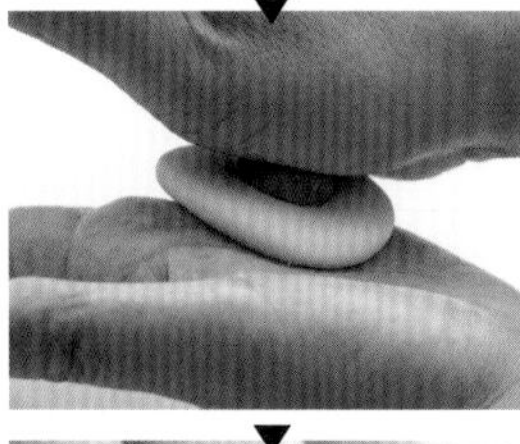

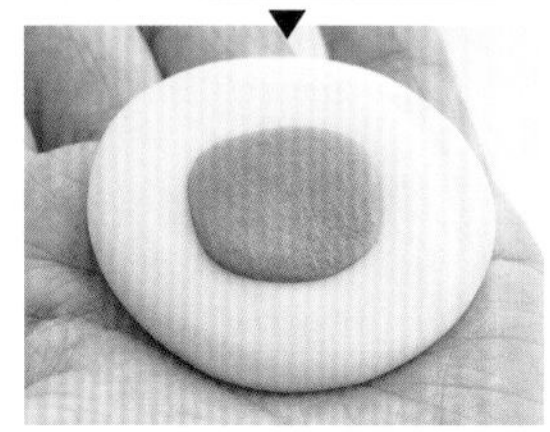

3　紫色の練り切りあんをくぼみに置き、指先でつまんで軽く押しつける。上から親指のつけ根で押さえて平らにする。

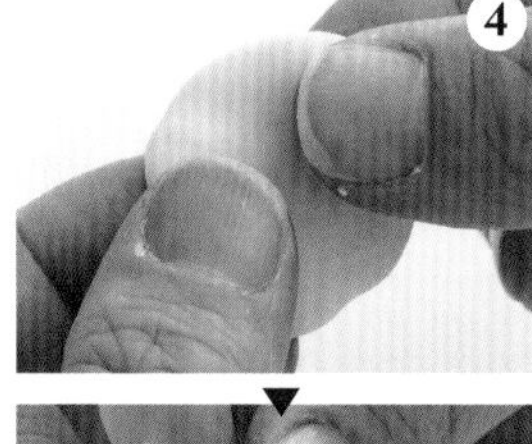

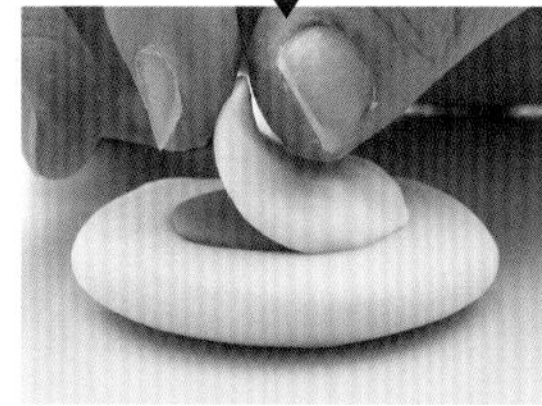

4　1の残りのあんを指先で挟んで広げ、3の紫色のあんを覆うように重ねる。

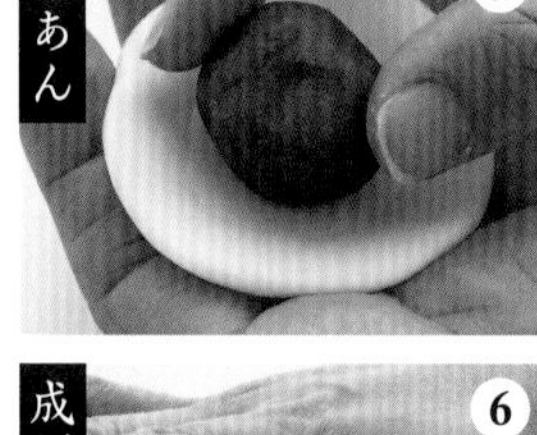

5　両手のひらで挟んで均一に押さえ、直径6.5cmくらいの平らな円形に広げる。真ん中に中あんをのせ、p.21の作り方4～11と同様にして包む。

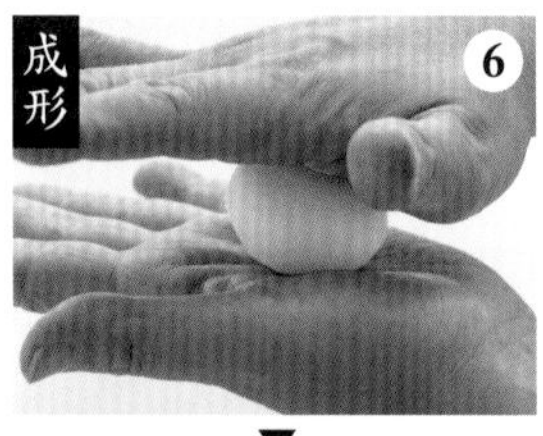

6　閉じ目を下にして両手のひらで挟んで転がしながら、低めのなだらかな丸形に整える。

花 筋入れ

7 ミニへら（または清潔なぬい針）で1.5cm長さの筋を4本入れる。最初に中心から少しはずしてへらの先を1.5cmほど当てて筋を入れる。2本目は、1本目から60度くらいの角度で同様に放射状に入れ、3本目と4本目は、それぞれ1、2本目の筋の外側に45度くらいの角度で同様に入れる。

花 押し出し

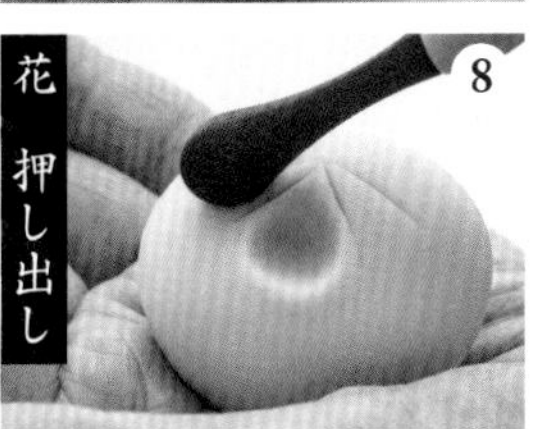

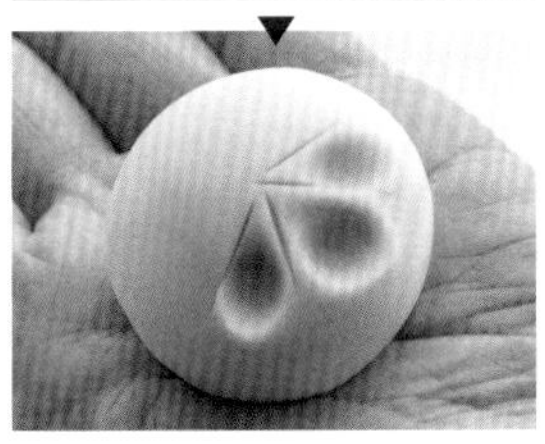

8 押し棒を筋と筋の間に斜めに当て、浅く掘るように（中の紫色のあんが透けるくらい）外側に向かって筋の先まで押し出す。

◎筋と筋の間隔が広い真ん中から行い、3か所押し出す。押し棒の動かしはじめはやさしく、徐々に力を入れるときれいに仕上がる。筋の間隔が広い真ん中は数回に分けて押し出し、筋の幅いっぱいに花をつける。筋を消してしまったら、ミニへらで入れ直す。

花 つまむ

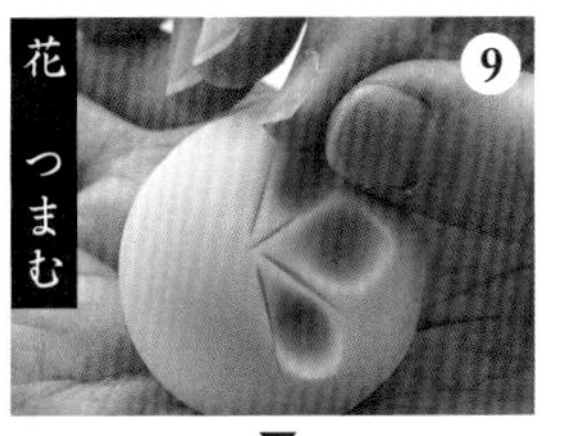

9 花の先端を、指の腹であんを寄せるように軽くつまむ。

◎花の先端が上を向くように、練り切りをのせたほうの手のひらの角度を変えながら行う。指先や爪が当たらないように注意。

花芯

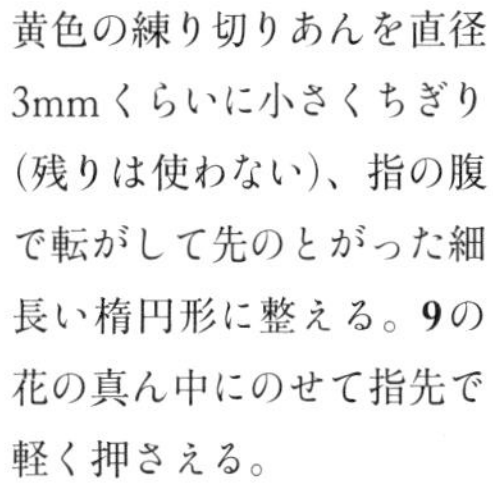

10 黄色の練り切りあんを直径3mmくらいに小さくちぎり（残りは使わない）、指の腹で転がして先のとがった細長い楕円形に整える。**9**の花の真ん中にのせて指先で軽く押さえる。

葉

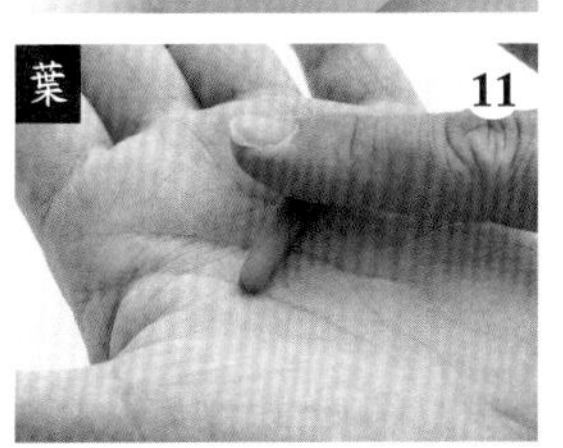

11 緑色の練り切りあんを指の腹で転がして4cm長さに伸ばす。オーブンシートを折って挟み、上から平板で押さえて1mmくらいの厚さにする。

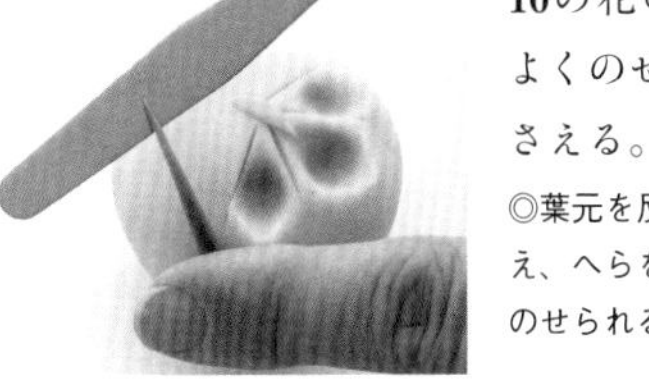

12 ミニへらでオーブンシートから一度はがしてのせ直す。縦半分に切り離し、へらの先を少しずらして細長い三角形に切り出す（残りは使わない）。そのままへらで**10**の花の左側にバランスよくのせ、指の腹で軽く押さえる。

◎葉元を反対の手の指の腹で押さえ、へらをスッと抜くときれいにのせられる。

鯉のぼり

•材料　各1個分

〈練り切りあん*a・b〉

薄いピンク色**2**、水色……各22g

白色……3g × 2個

白色、黒色……各少量

＊練り切りあんの作り方はp.15、
色づけはp.27、色配合はp.48参照。

中あん（p.19参照）……13g × 2個

a
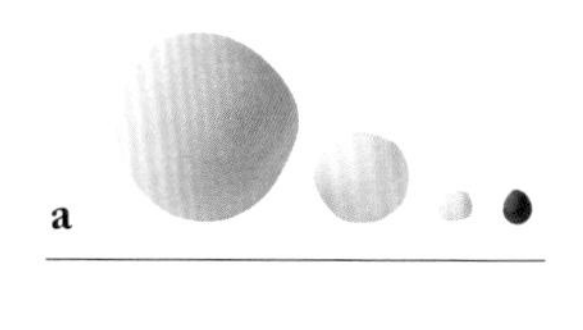

b

•作り方

貼りぼかし

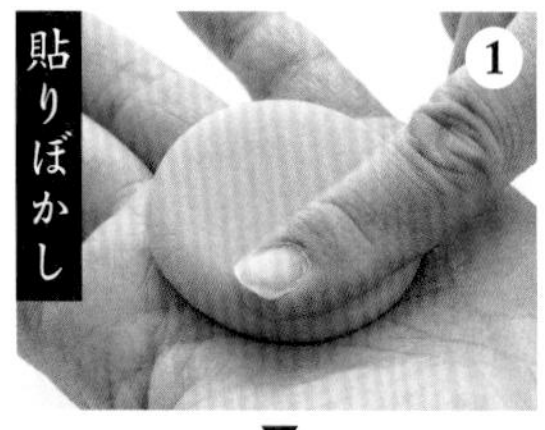

1 薄いピンク色**2**の練り切りあんを両手のひらで挟んで直径4cmくらいの平らな円形に広げ、下1/3くらいに人差し指を押し当ててつぶす。

◎水色の鯉のぼりは**b**の練り切りあんで、以下同様にして作る。

2 白色の練り切りあん3gを手のひらで転がして3cm長さに伸ばし、**1**のつぶした部分に置く。反対の手の親指のつけ根で押さえ、平らにする。

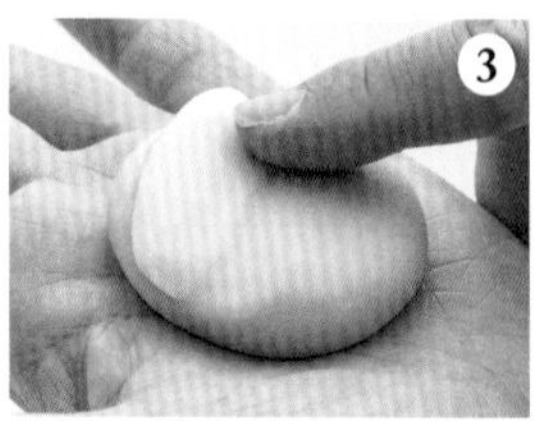

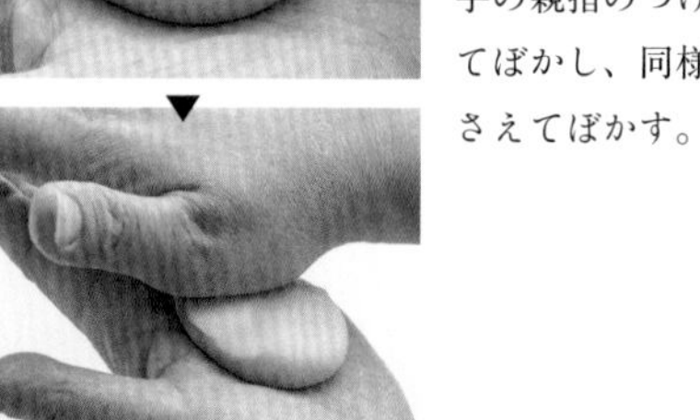

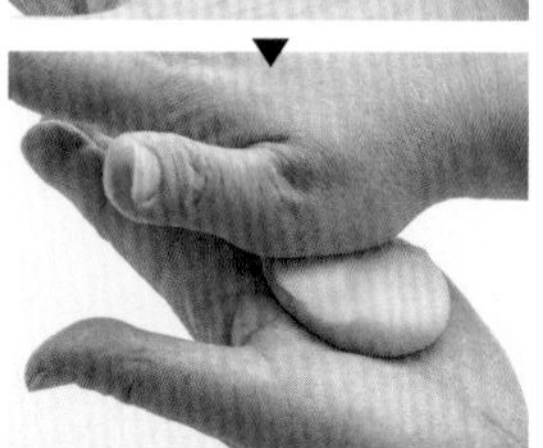

3 白色と薄いピンク色**2**のあんの境目を指先の腹でこすってなじませる。さらに、なじませたところを反対の手の親指のつけ根で押さえてぼかし、同様に外側も押さえてぼかす。

包あん

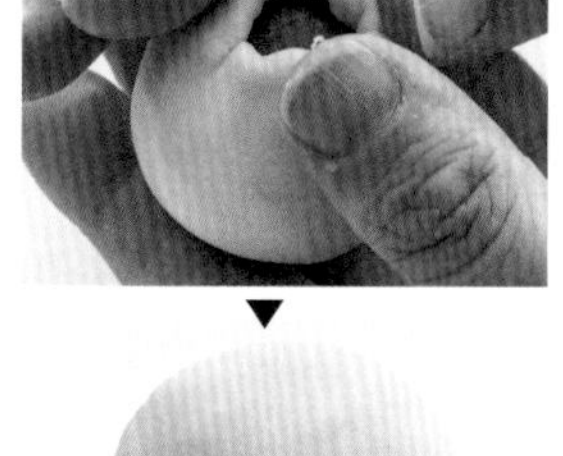

4 **3**を裏返し、両手のひらで挟んで均一に押さえ、直径6.5cmくらいに広げる。真ん中に中あんをのせ、p.21の作り方**4**～**11**と同様にして包む。

成形

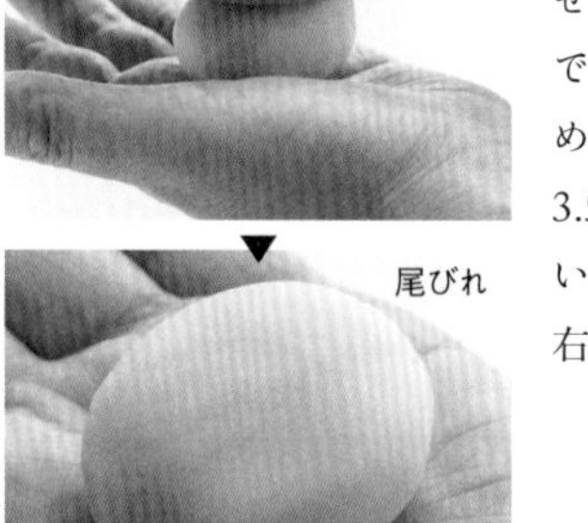

5 閉じ目を下にして白い部分を手前にして手のひらにのせ、反対の手のひらで挟んで前後に転がしながら、低めの俵形（長辺4.2 × 短辺3.5cm目安）に整える。白い部分がおなか、左が顔、右が尾びれになる。

• 道具

定規／三角棒／ミニへら／U字ツール

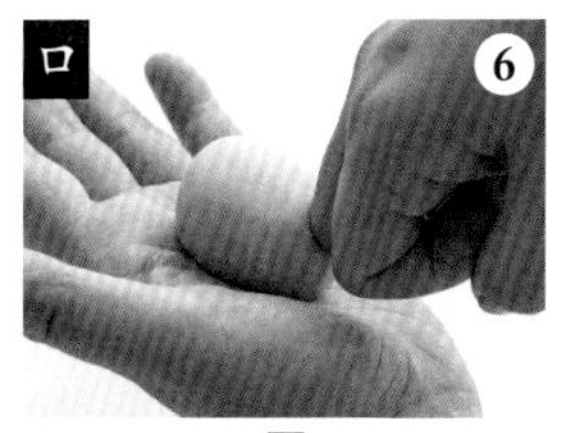

顔になる部分を手前にして手のひらに置き直し、反対の手の中指を曲げて口になる部分に第2関節を垂直に押し当て、くぼみをつける。

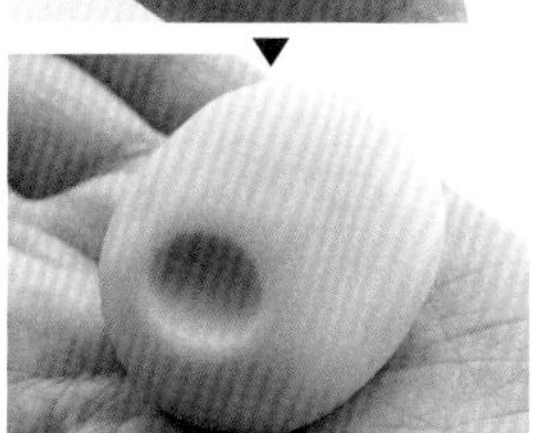

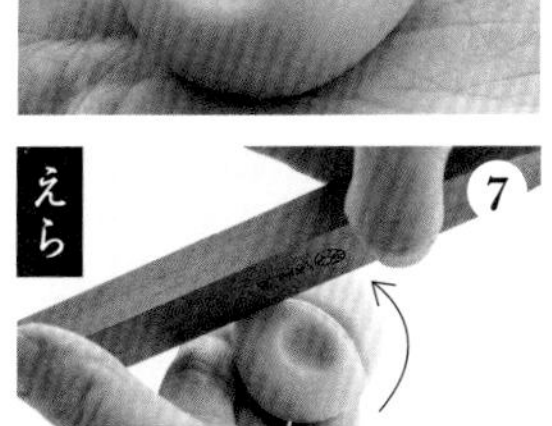

白い部分を手前にして指の上に置き直し、口の右側の下に三角棒の二重線の角を押し当て、口に沿うように三角棒を倒しながら筋を入れる。

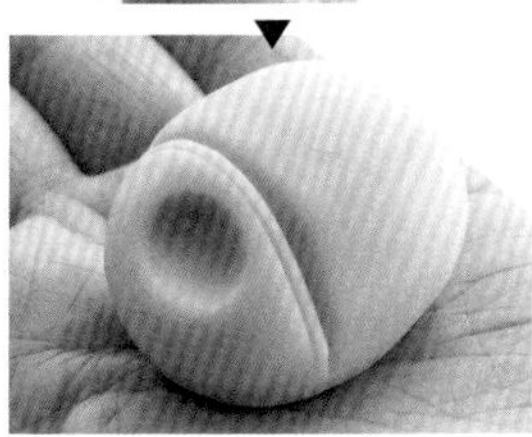

尾びれになる部分を指先に向けて置き直し、先端を親指と人差し指の腹で挟み、親指のほうにひねって尾をピンと跳ね上げる。指のあとがついたら指の腹でなでるようにして表面を整える。

◎形が崩れたらそのつど、手のひらを当てて整える。

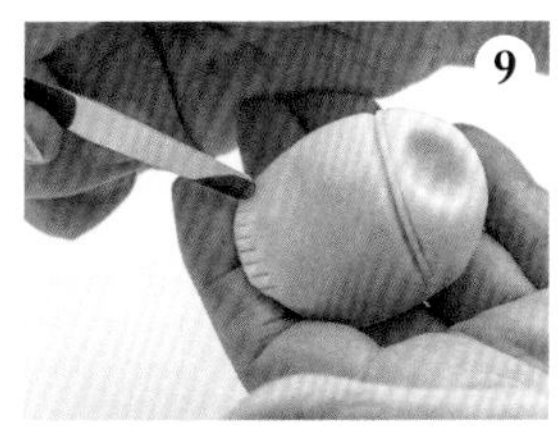

尾びれの後ろに人差し指を当て、尾の先端にミニへらの刃先を垂直に当てて筋を8本前後つける。

◎ミニへらであんを切らないように注意。

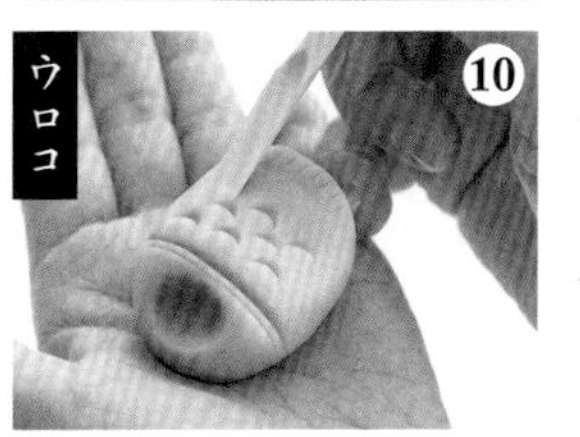

えらの右側にU字ツールを斜めにさし込み、えらから尾びれに向かってウロコを3つ、2つ、3つ、2つの順に縦に4列入れる。

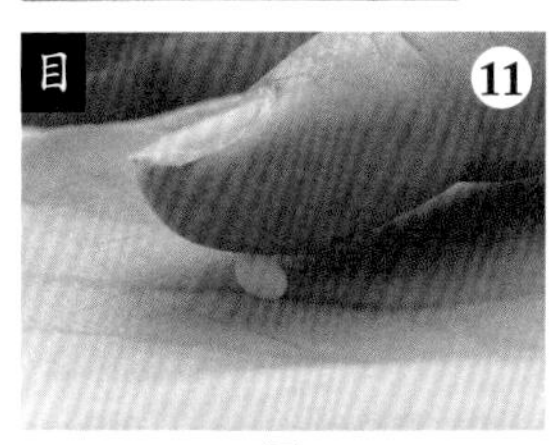

残りの白色の練り切りあんを直径3mmに丸め、えらの筋の上のほうにのせ、指先で押して貼りつけ白目にする。

黒色の練り切りあんを**11**の白目よりも小さく丸め、白目の上にのせ、軽く押してつける。

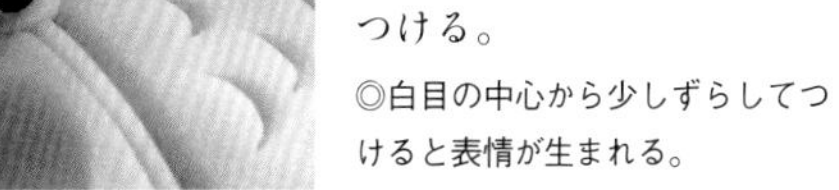

◎白目の中心から少しずらしてつけると表情が生まれる。

column 1. 練り切りあんの色配合と色見本

◎ 基本の色

白色は練り切りあんそのままの色、緑色は抹茶、茶色はココア、それ以外は色素で色づけします（p.27参照）。

白色

黄色

ピンク色

青色

赤色

黒色

緑色

茶色

◎ 混色リスト

上の「基本の色」を混ぜて中間色を作ります。下記割合を目安に好みの色に調整を。

薄いピンク色1

ピンク色2　：　白色1

桃の花（p.32）、花火（p.64）、お月見うさぎ（p.73）

薄いピンク色2

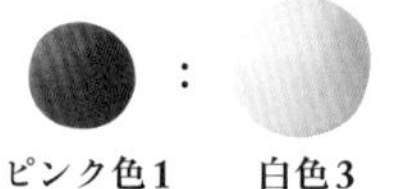

ピンク色1　：　白色3

おひなさま（p.34）、桜（p.38）、ランドセル（p.40）、鯉のぼり（p.46）、願い笹（p.58）、着せ綿（p.72）

薄いピンク色3

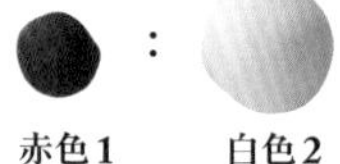

赤色1　：　白色2

節分の鬼（p.101）

薄い赤色

赤色2　：　白色3

ハロウィンおばけ（p.78）、節分の鬼（p.101）

濃い水色

青色2　：　白色5

花火（p.64）

水色

青色1　：　白色10

おひなさま（p.34）、ランドセル（p.40）、鯉のぼり（p.46）、願い笹（p.58）、節分の鬼（p.101）

紫色

ピンク色1　：　青色1

花菖蒲（p.44）、七変化（p.52）、花火（p.64）、ハロウィンおばけ（p.78）

黄緑色

黄色2　：　青色1　：　白色1

梅仕事（p.55）

濃いオレンジ色

赤色5　：　黄色1

紅葉（p.82）

オレンジ色

赤色5　：　黄色2

つくばい（p.76）、つや柿（p.84）、みかん（p.96）

薄いオレンジ色

赤色2　：　黄色1

紅葉（p.82）

深緑色

緑色1　：　黒色1

すいか（p.60）

summer

6月——8月

紫陽花（あじさい）やひまわり、花火と、
季節の風物詩で彩り豊かになる夏。
練り切りにも寒天や涼やかな色を使うとパッと華やぎます。
夏休みの絵日記のような和菓子で
暑気払いもいいものです。

6月　梅雨

梅雨の季節を代表する紫陽花（あじさい）の別名が「七変化」。
紫陽花の色が変わる様子を寒天と「裏打ちぼかし」で表現し、
透明感のある鮮やかな色彩をまとわせています。

作り方 — p.52

classic 七変化（しちへんげ）

黄緑色の練り切りあんに黄色と赤色のぼかしを入れてよりリアルに。
梅雨入りを知らせる大粒の梅。「梅仕事はじめました」。
そんなメッセージを添えたい練り切りです。

作り方 —— p.55

七変化（しちへんげ）

classic

•材料　1個分

〈練り切りあん *1 p.53**a**〉
白色……22g
紫色、ピンク色、青色……各1g
緑色……0.5g

*1 練り切りあんの作り方はp.15、色づけはp.27、色配合はp.48参照。

中あん（p.19参照）……13g

〈寒天 *2〉
ピンク色、青色……各10g
飾りのしずく……少々

*2 作り方はp.54参照。事前に作って室温におく。

•作り方

白色の練り切りあんを19gと3gに分け、それぞれ丸める。白色のあん19gをp.21の作り方**1**～**2**と同様にして、直径5cmくらいの平らな円形に広げる。

1の真ん中付近の3か所に、押し棒の先端を軽く当てて印をつけ、バランスを見てから再度、押し棒をしっかり押し当てる。

◎力を入れすぎて貫通しないように注意。

3

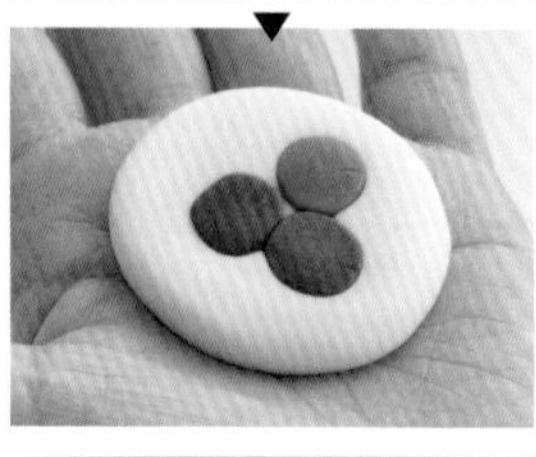

紫色、ピンク色、青色の各練り切りあんをそれぞれくぼみに置き、人差し指の腹で押さえて平らにする。

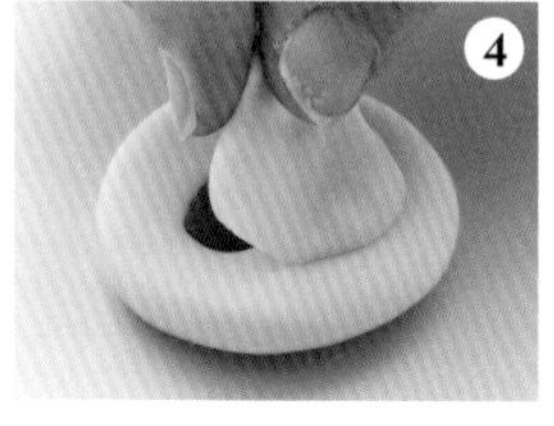

1の残りのあんを指先で挟んで広げ、3色のあんを覆うように重ねる。

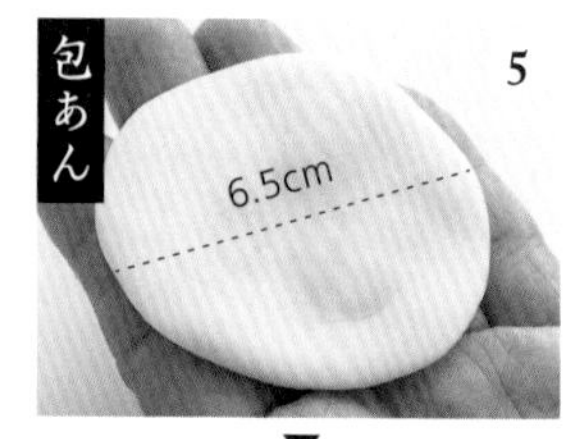

手のひらで挟んで均一に押さえ、直径6.5cmくらいの平らな円形に広げ、真ん中に中あんをのせてp.21の作り方**4**～**11**と同様にして包む。

成形　6

閉じ目を下にして両手のひらで挟んで転がしながら、少し低めの丸形に整える。

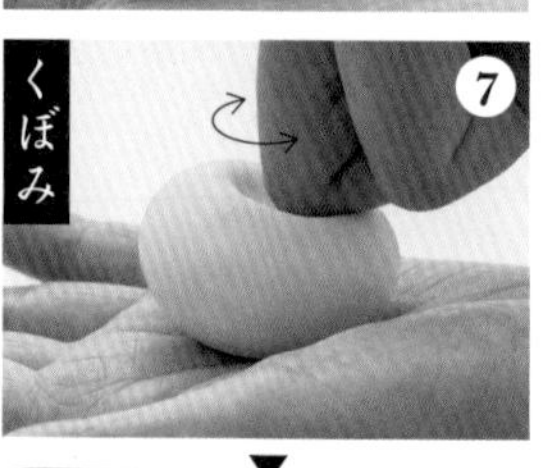

反対の手の中指を曲げて第2関節をあんの真ん中に押し当て、深さ1.5cmくらいのくぼみをつける。くぼみの縁を指の腹でなでて少し丸みをつける。

◎中指を倒すようにしながら左右に動かして、くぼみの口を広げる。ただし、強く押しすぎるとつぶれてしまったり、中あんが出てしまうので注意。

• 道具

定規／押し棒(先端が太くて丸いタイプ)／
オーブンシート(10×10cm)／平板(小／7×10cm)1枚／ミニへら

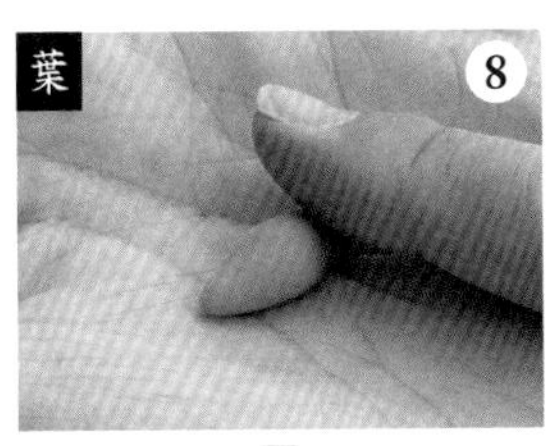

緑色の練り切りあんを指先で転がして楕円形に伸ばし、さらに両端を転がして細くし、2.3cmくらいの長さにする。

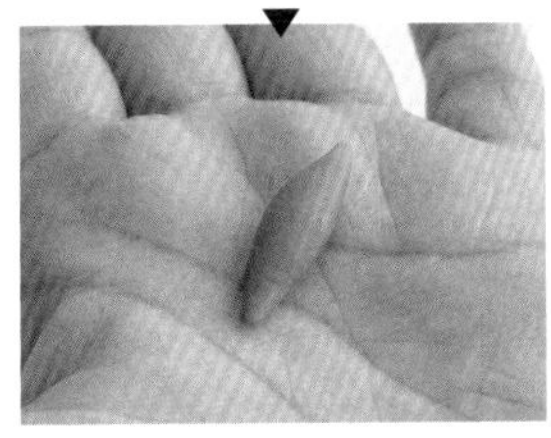

オーブンシートを折って挟み、上から平板で押さえて1.5mm厚さ×幅1.5cmくらいにする。

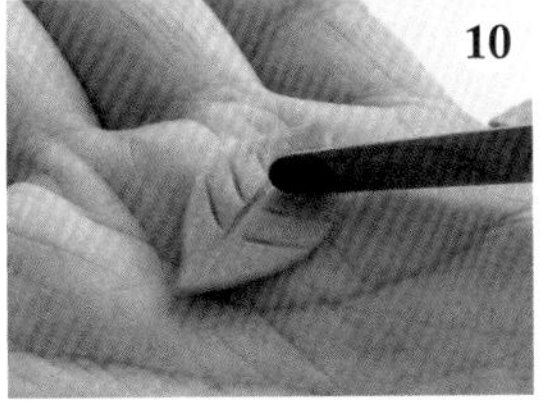

ミニへらでオーブンシートからはがして手のひらにのせ直し、葉脈を描く。最初に縦に1本入れて、そこから左右に3本ずつ斜めに入れる。

ミニへらで**7**のくぼみの縁にのせて葉先を少し持ち上げ、葉元の部分を指の腹で軽く押さえる。
◎葉がはみ出しすぎるとケースに入らないので、くぼみに半分入るようにのせる。

ピンク色と青色の寒天は、それぞれミニへらで細かく刻む。

色のバランスを見ながら少しずつ混ぜて一部を紫色にする。

11のくぼみにミニへらでこんもりと盛る。

飾りのしずくを1つミニへらで取り、葉先にのせる。
◎寒天と練り切りがふれている部分から離水が起きやすいので、早めに食べる。冷凍にはむかない。

column 2. 寒天の作り方

●材料　粉寒天……1g／グラニュー糖……70g／水……100g
●道具　ボウルM／ミニゴムべら

◎基本の寒天

1 ボウルMに分量の水の1/2量を入れて粉寒天を全体にふり入れる。残りの水を加え、ボウルを揺すって混ぜる。2 しっかり沸騰するまで電子レンジで2分ほど加熱し、ミニゴムべらで混ぜる。3 グラニュー糖を加えてよく混ぜる。4 再度、グラニュー糖が溶けてしっかり沸騰するまで電子レンジで1分30秒加熱し、ゴムべらで混ぜる。5 ゴムべらの先から大粒のしずくがゆっくり落ちるくらいのとろみがついたら完成。

◎和菓子に流し込んでかためる場合には粗熱をとり、つや出しに使う場合は熱いうちに使う。色づけする場合は下記「寒天の色づけ」の6、しずくを作る場合は下記「飾りのしずく」へ。
◎かためてから使う場合は、室温に30分おいてかため、表面にラップをピッタリ貼って冷蔵庫で冷やす。また、かためた寒天を溶かして使う場合は、刻んだ寒天10gと水2gをボウルSに入れ、電子レンジで40秒加熱する。
◎使いきれなかった寒天は翌日までに使用。もしくは、10gずつ小分けにしてラップで包み、密閉容器に入れて1週間ほど冷凍保存可能。使うときは室温で解凍してから刻み、寒天10gにつき水2gを加えて電子レンジで40秒加熱する。

1　2　3　4　5

◎寒天の色づけ

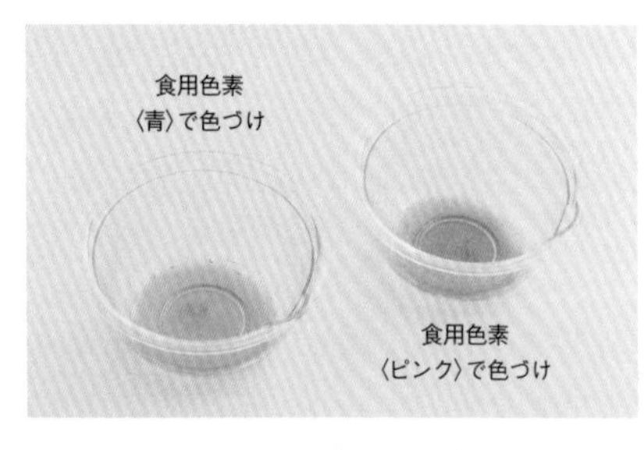

6 使いたい色の色素（色素スプーン大盛り1～2杯）に、水（色素スプーン1～2杯）を加えてつまようじでよく混ぜ、ゆるめ（カップを下に向けると流れるくらい）の色素液を作る。7 ボウルSに5の基本の寒天を10g入れ、6を加えてミニゴムべらで色むらがないようによく混ぜる。8 気泡が入っていたら食品用のアルコールをひと吹きかけて消し、室温に30分ほどおいてかためる。

◎すぐに使用しない場合は表面にラップをピッタリ貼って冷蔵庫へ（翌日までに使用する）。
◎色づけには白や透明の容器を使う。色素液の量が多くなると色が濃く見えるので注意。

6

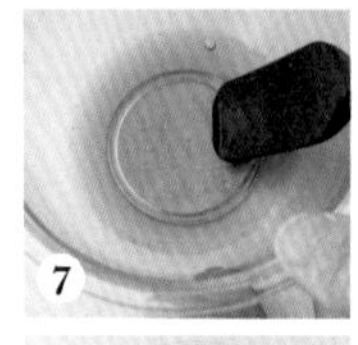
7

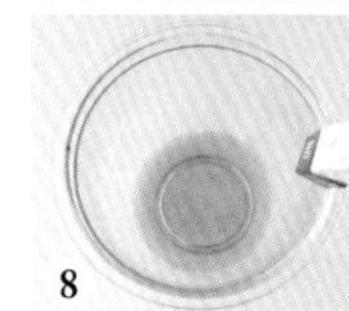
8

◎飾りのしずく

9 5の基本の寒天の粗熱をとる。オーブンシートを広げ、ミニゴムべらを寒天液につけてオーブンシートの上でふり、寒天液を飛ばす。そのまま室温に1分ほどおいてかためる。

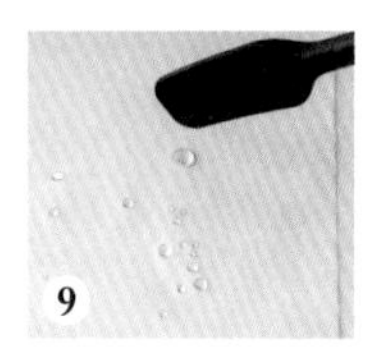
9

梅仕事

•材料　1個分

〈練り切りあん＊a〉
黄緑色……20g
黄色……4g
赤色……0.3g
＊練り切りあんの作り方はp.15、色づけはp.27、色配合はp.48参照。

中あん（p.19参照）……13g

•道具

定規／
絹さらし（または薄手のハンカチ）／
ペーパータオル／箸

•作り方

内ぼかし

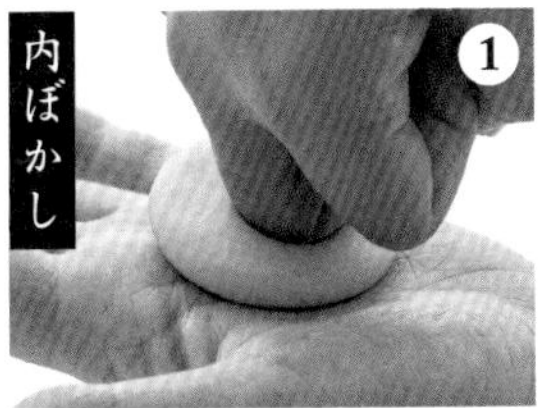

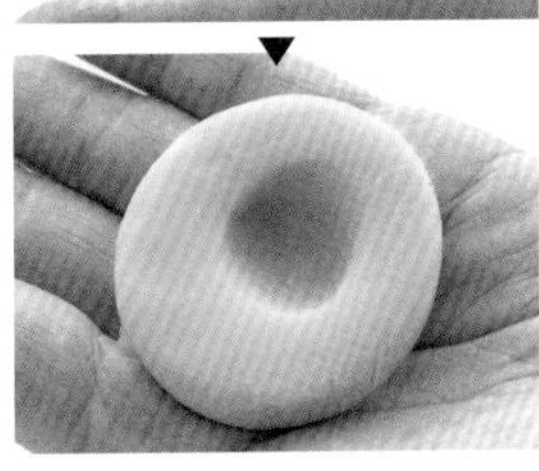

1 黄緑色の練り切りあんを両手のひらで挟んで押さえ、直径4cmくらいの平らな円形に広げる。反対の手の中指を曲げて第2関節をあんの中心よりやや下に押し当て、深めのくぼみをつける。
◎強く押しすぎると穴があいてしまうので注意。

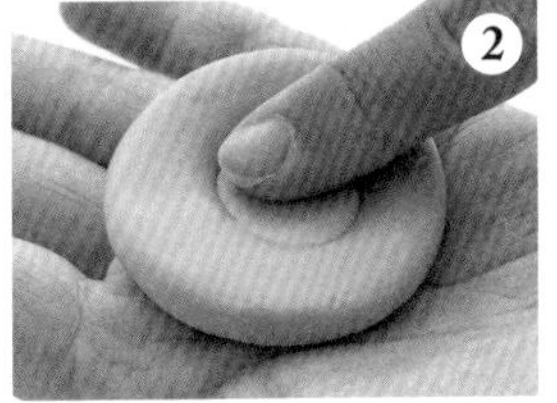

2 黄色の練り切りあんをくぼみにのせ、人差し指の腹で押さえて平らにする。

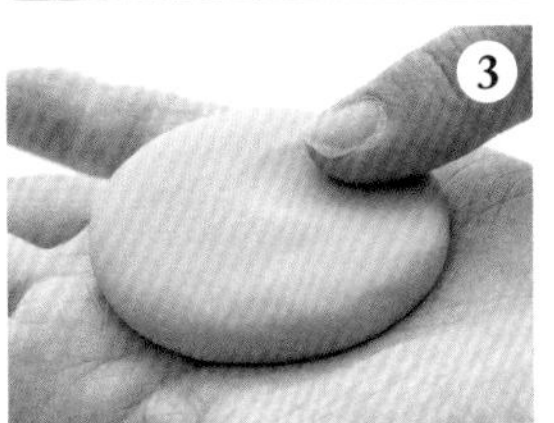

3 裏返して、黄色のあんの後ろ側を中心から外側に向かって360度回しながら指先でこすり、黄色のあんが透けるように少し薄くする。

貼りぼかし

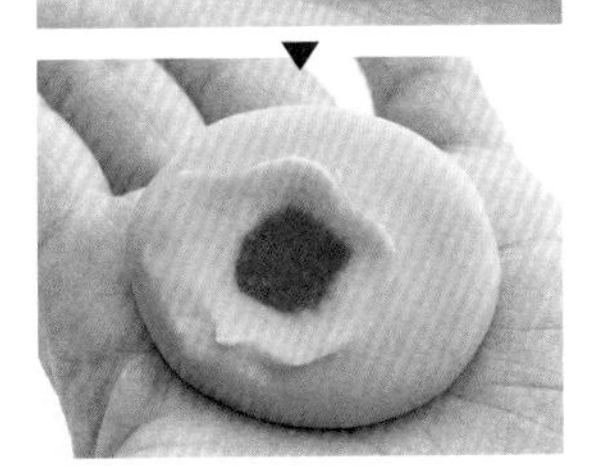

4 赤色の練り切りあんを**3**のこすった部分の真ん中にのせ、指先でこすりつけるように伸ばしてぼかす。

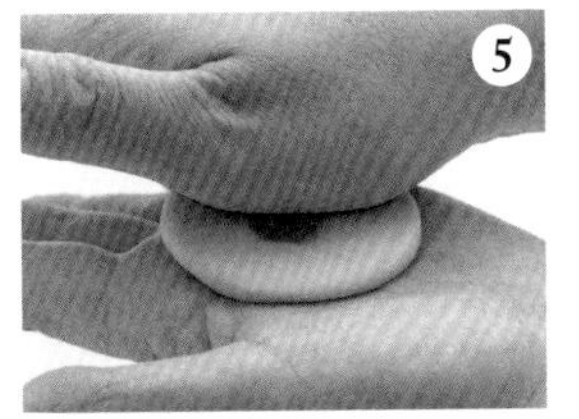

5 上から親指のつけ根あたりを押し当てて、直径6.5cmくらいの平らな円形に広げる。
◎赤くぼかした部分が中心にこないように注意。

包あん

6 **5**を裏返して真ん中に中あんをのせ、p.21の作り方**4**〜**11**と同様にして包む。

成形

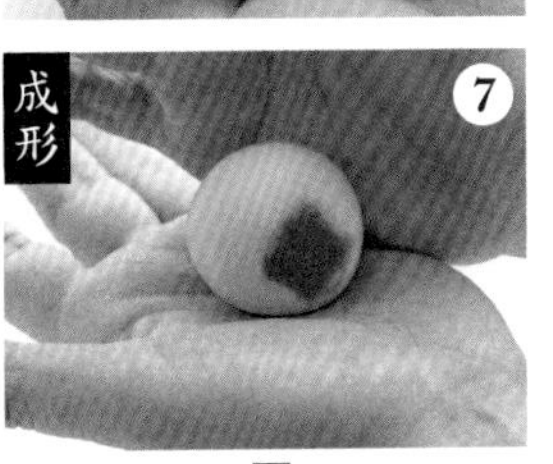

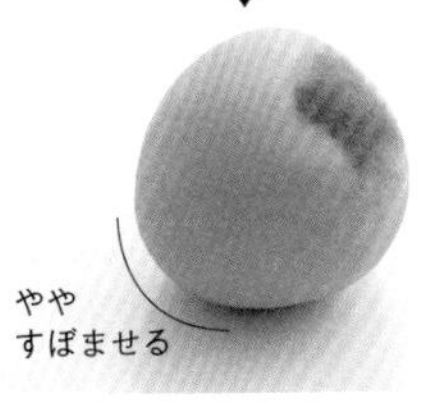

7 閉じ目を下にして両手のひらで挟んで転がし、上の手の小指のつけ根あたりに少し圧をかけながら、閉じ目を下にしたときに赤い部分が斜め上にくるよう練り切りの小指側をややすぼませる。

ヘタ　くぼみ

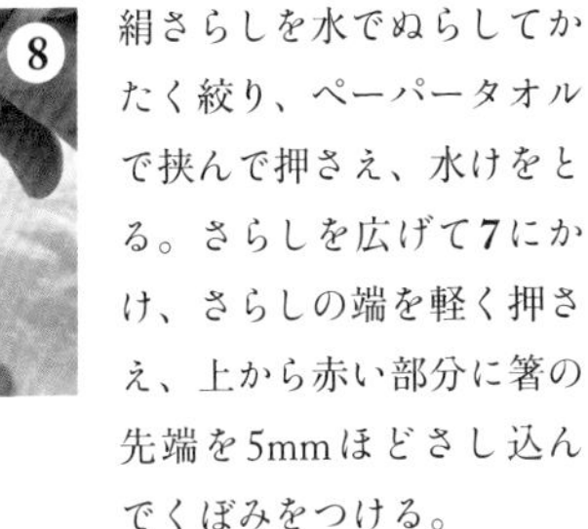

8 絹さらしを水でぬらしてかたく絞り、ペーパータオルで挟んで押さえ、水けをとる。さらしを広げて**7**にかけ、さらしの端を軽く押さえ、上から赤い部分に箸の先端を5mmほどさし込んでくぼみをつける。
◎さらしを手でピンと張って押さえると、シワのあとが練り切りにつくのでふんわりとかける。

7月　七夕の節句

五節句のひとつ「七夕の節句」。
サラサラという葉の音が神様を招くともいわれる笹に、
「願いが天に届きますように」と思いを込めて短冊を飾っています。
葉っぱの作り方をマスターすると四季折々の表現が楽しめるようになります。

作り方 —— p.58

願い笹　*classic*

本物そっくりに模様を入れた大きな外皮で包あんするのは少し大変ですが、
ほかの練り切りより大きく作り、カットして断面も楽しみます。
すいかを切るときと同じように盛り上がる「糸切り」は、一大イベントです。

作り方 —— p.60

すいか

modern

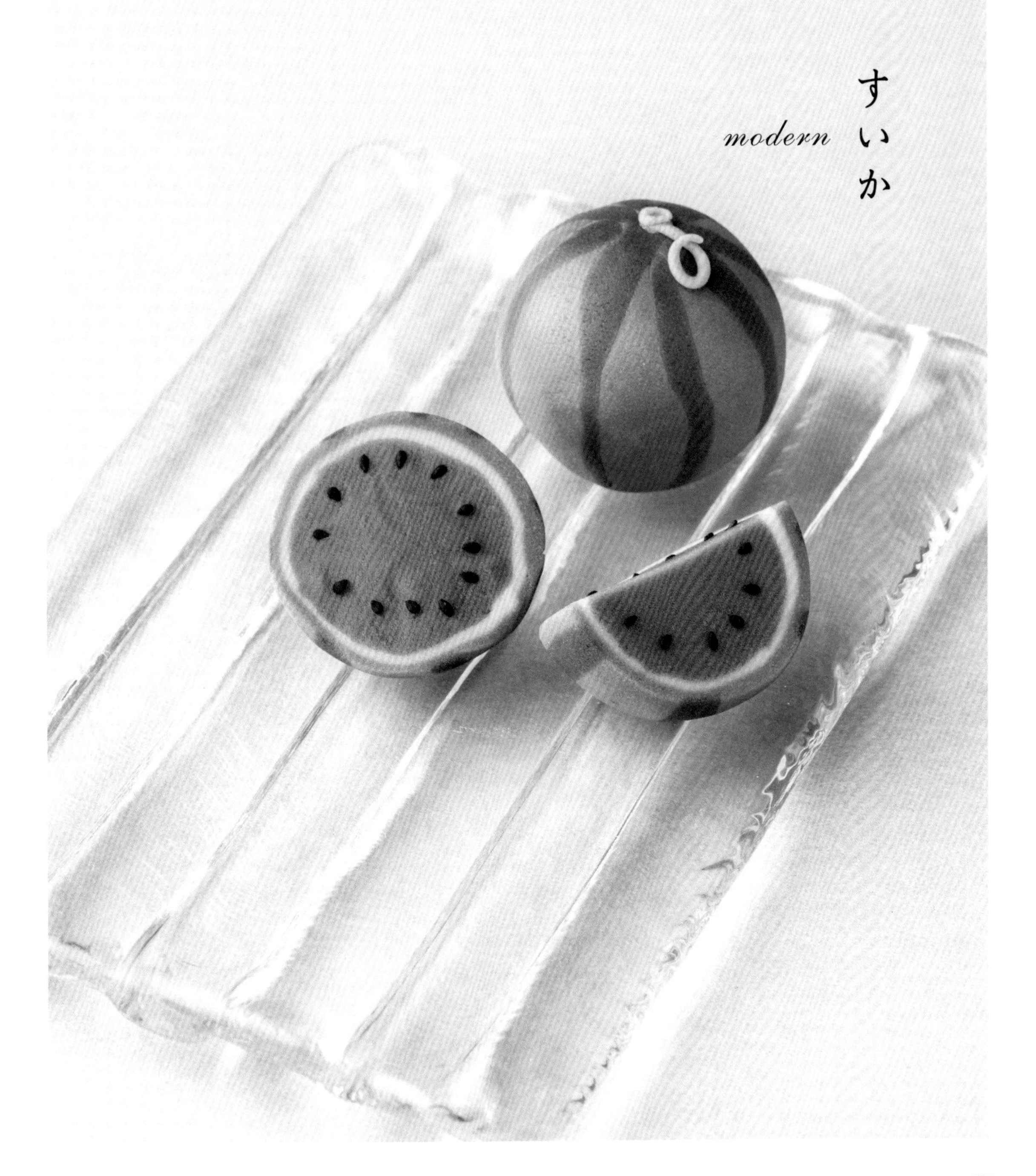

願い笹

classic

•材料　1個分

〈練り切りあん＊a〉

白色……8g

緑色……15g

水色、薄いピンク色 **2**……各1g

＊練り切りあんの作り方はp.15、色づけはp.27、色配合はp.48参照。

中あん（p.19参照）……15g

•道具

オーブンシート（15×15cm）／平板（小／7×10cm）1枚／定規／カード／三角棒／ミニへら／竹串

•作り方

包あん

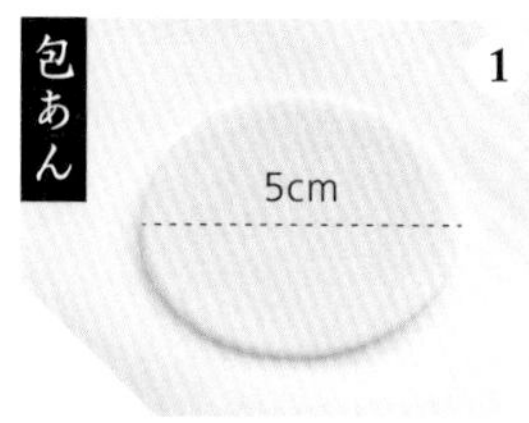

1 白色の練り切りあんを両手のひらで挟んで押さえ、平らな円形に広げる。オーブンシートを折って挟み、上から平板で均一に押さえて直径5cmくらいに広げる。

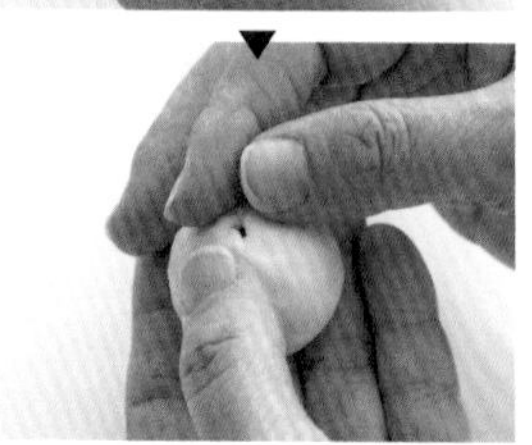

2 真ん中に緑色の練り切りあんをのせ、p.21の作り方**4**～**11**と同様にして包む。

◎白色のあんが薄いので、緑色のあんをつまんだり、指先で押し込みながら包むとよい。

成形

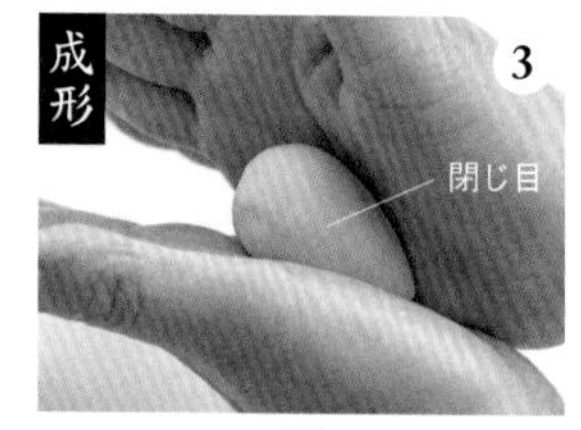

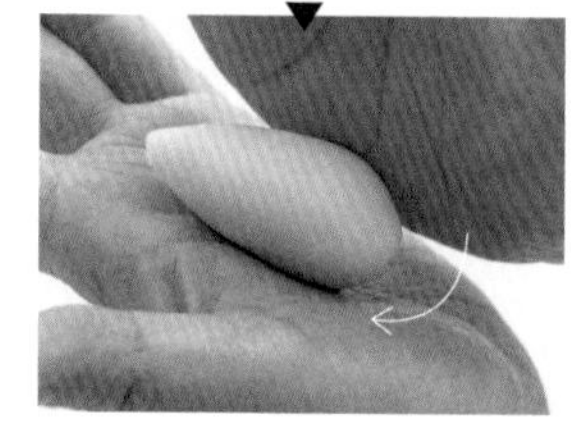

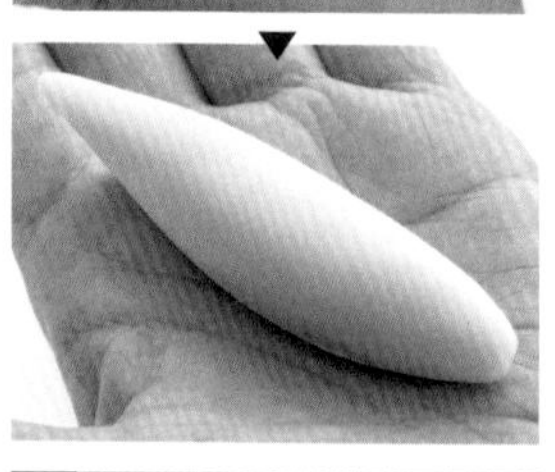

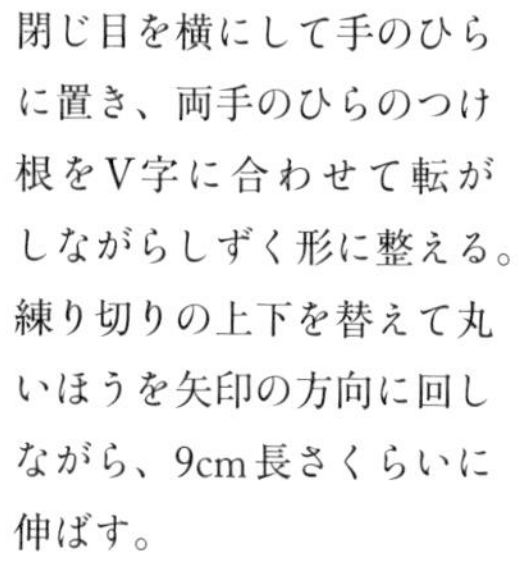

3 閉じ目を横にして手のひらに置き、両手のひらのつけ根をV字に合わせて転がしながらしずく形に整える。練り切りの上下を替えて丸いほうを矢印の方向に回しながら、9cm長さくらいに伸ばす。

◎写真のように真ん中が太くなるように整える。

笹の葉

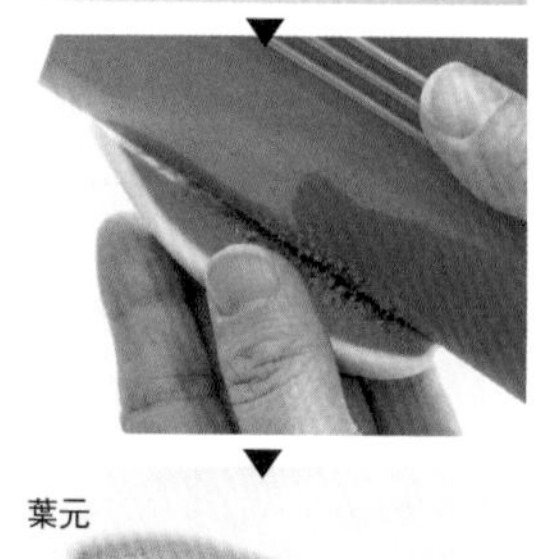

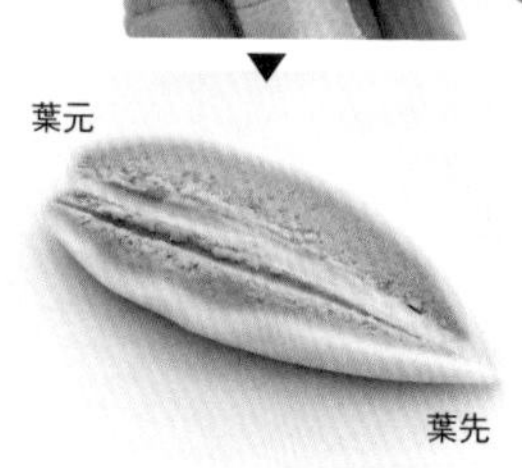

4 オーブンシートの上に閉じ目を下にしてのせ、カードで縦半分に深く切り込みを入れ（切り離さないように注意！）、手に取ってゆっくり開く。

◎完全に切り離さず、下から1～2mm残して切り込みを入れ、左右に開く。

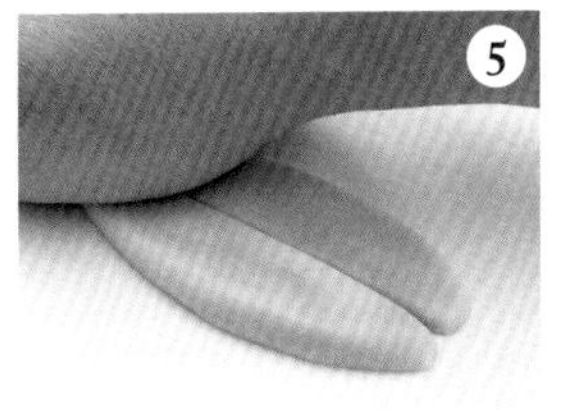

5 オーブンシートの上に断面を下にして置き、手のひらのつけ根を当てて広いところが幅4.2cmくらいになるように均一に押す。

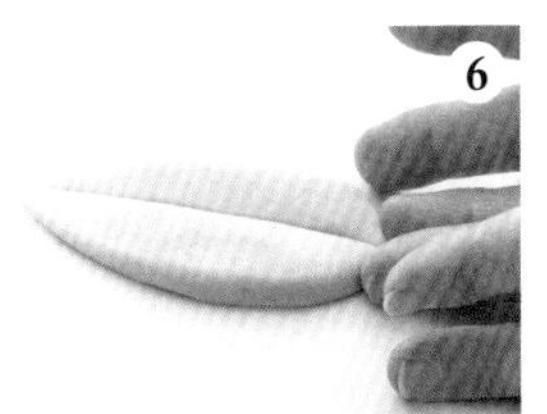

6 葉元は、両手の指の腹できれいな丸みが出るように整える。

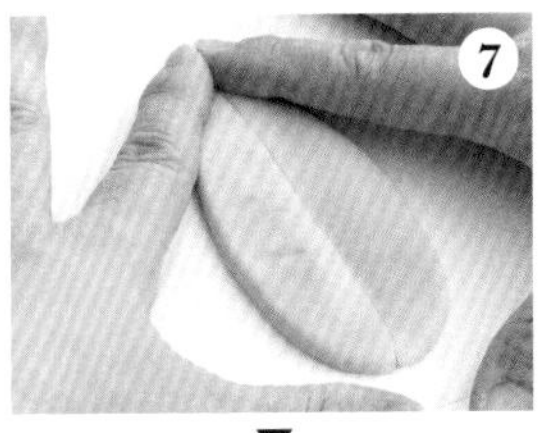

7 葉先は、両手の人差し指の腹を先端に沿うようにあんに斜めに当て、葉先がとがるように整える。さらに葉先から葉元まで、縁に沿って指の腹で下に押しつけて薄くする。

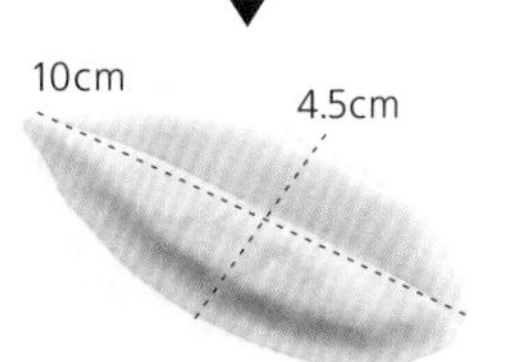

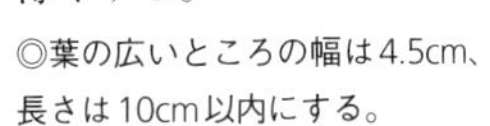
◎葉の広いところの幅は4.5cm、長さは10cm以内にする。

8 オーブンシートをはがし、ひっくり返してのせ直す。
◎中心線の白色のあんが緑色のあんに埋もれていたら、ミニへらなどで緑色のあんを取り除く。

笹の葉 筋入れ

9 三角棒の鋭い角を下にして持ち、端から縦に押し当てて、等間隔に16本ほど筋を入れる。
◎カードで筋を入れてもよい。

包む

10 中あんを両手のひらで転がして、9の横幅に合わせて4.2cmほどの長さの俵形に整える。

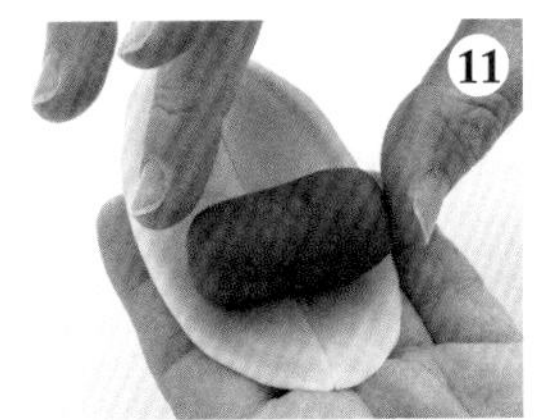

11 9を葉先を指先に向けて手のひらに裏返しに置く。中あんを葉元から2cm内側にのせる。
◎オーブンシートごと持ち上げ手のひらにひっくり返すとスムーズ。

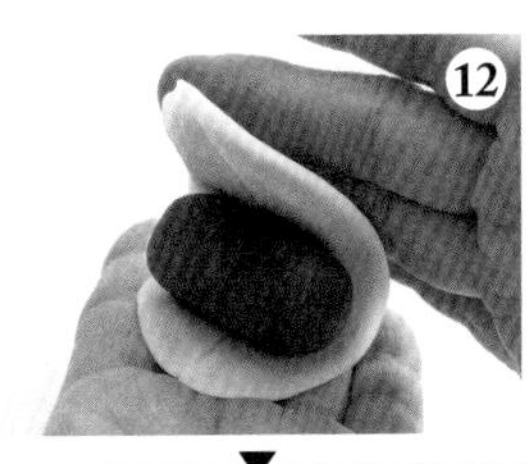

12 反対の指をそろえて面を作り、葉先の裏から当ててあんを持ち上げ、中あんを覆うようにかぶせる。

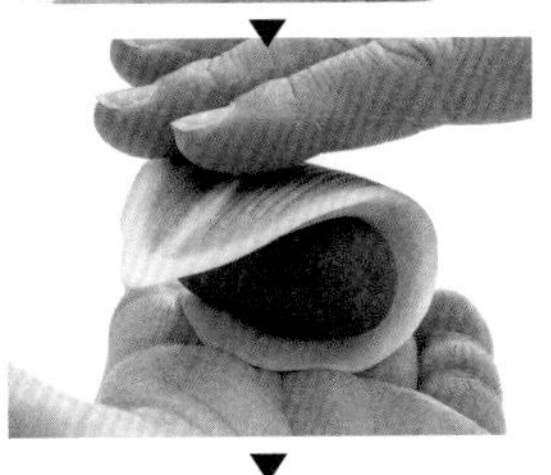

短冊

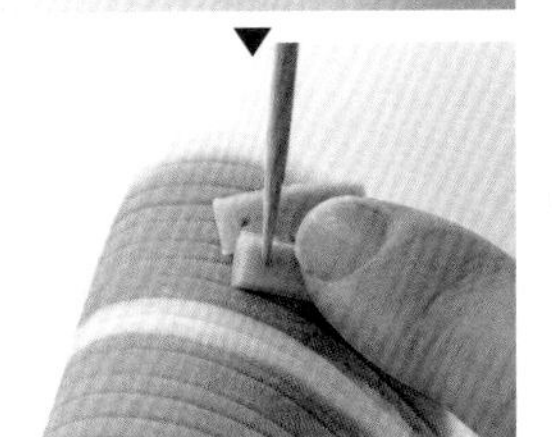

13 水色と薄いピンク色2の練り切りあんをそれぞれ指で細長く伸ばし、オーブンシートを折って挟む。上から平板で押さえて1mmほどの厚さにし、ミニへらで幅4mm×長さ1.5cmくらいにカットする（残りは使わない）。短冊の端に糸を通すイメージで、それぞれ竹串をさして穴をあけ、そのまま持ち上げて12の右上に並べる。軽く押さえて貼りつける。
◎短冊の大きさは、練り切りとのバランスを見て調節するとよい。

•材料　1玉分

〈練り切りあん*1 **a**〉
白色……20g
緑色……30g
深緑色……4g

*1 練り切りあんの作り方はp.15、色づけはp.27、色配合はp.48参照。

〈中あん*2 **b**〉……40g

*2 ボウルSに白こしあん40gと水10gを入れて混ぜ、ペーパータオルをかぶせて電子レンジで約1分加熱し、ゴムべらで練り混ぜる。p.27「色素液を作る」と同様にして赤色の色素で色素液を作り、同「色玉を作る」を参考にして白こしあんに加えて混ぜる。

黒ごま……約40粒

•道具

オーブンシート(15×15cm)2枚／平板(小／7×10cm)1枚／ラップ／めん棒／定規／ミニへら／竹串／糸(約40cm)／ふきん(ぬらしてかたく絞る)

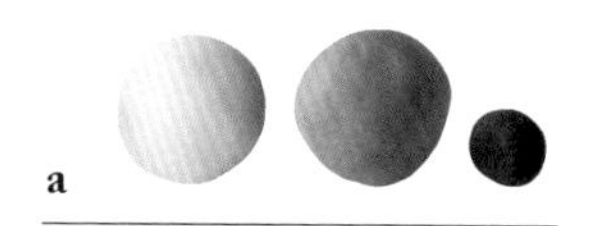

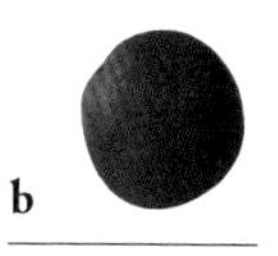

•作り方

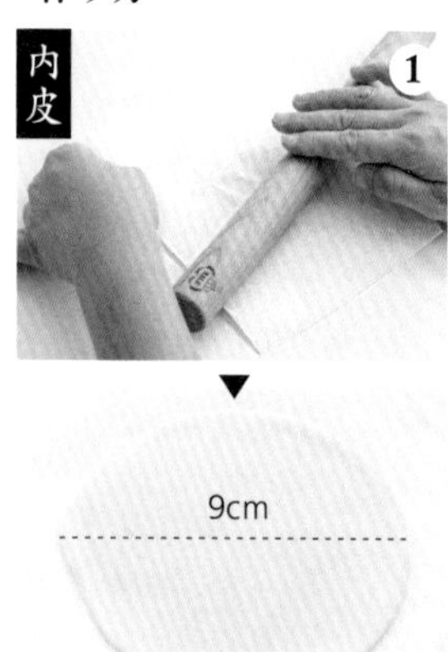

白色の練り切りあんを両手のひらで挟んで押さえ、平らな円形に広げられるところまで広げる。オーブンシートで挟み、上から平板で均一に押し、一度オーブンシートからはがして挟み直す。シートを回しながらめん棒で中心から外側に向かって転がし、直径9cmくらいの平らな円形に広げる。

1を指先よりの手のひらにのせ、真ん中に中あんを置く。

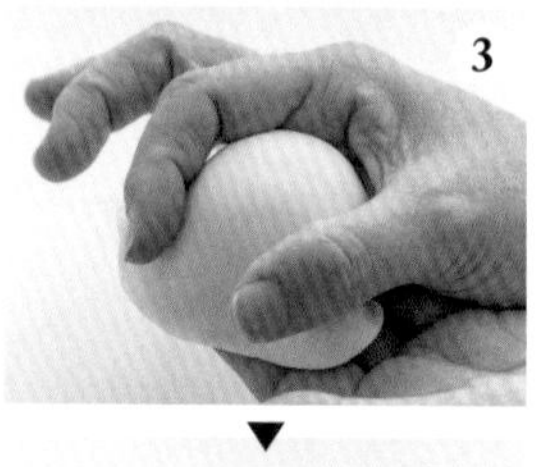

反対の手の指をそろえて面を作り、中あんを支えながら白色のあんごとひっくり返す。そのまま元の手の指先に移し、上から親指と人差し指で中あんに沿うようになでて密着させる。

再度反対の手の指で面を作って**3**を支えながらひっくり返し、元の手の指先で持ち直す。ひだが重なる部分を指でつまんでちぎり取る。

残ったちぎりあとを指先で中あんにこすりつける。

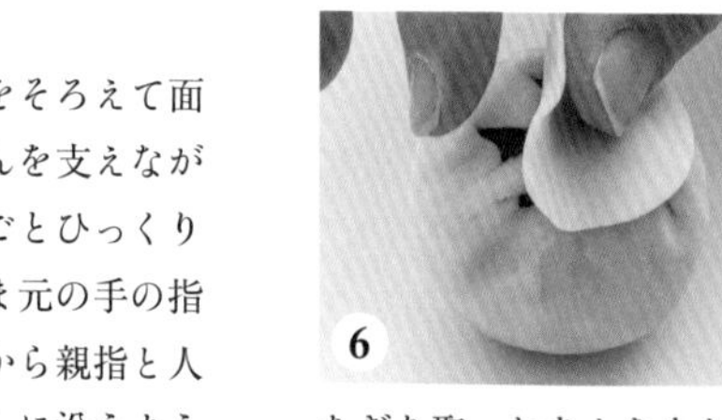

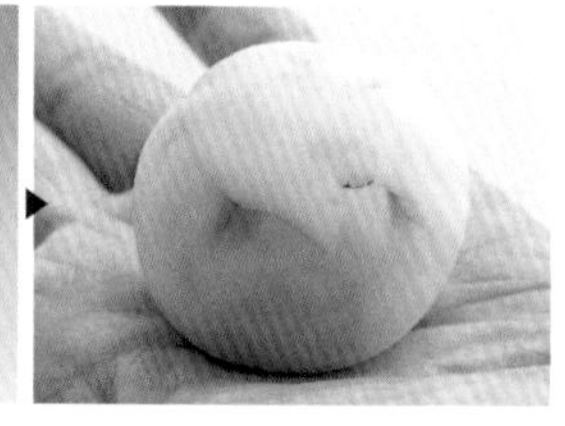

ちぎり取ったあんをまとめて丸め、指先で薄く伸ばす。閉じ目から見えている中あんを覆うようにかぶせ、両手のひらで挟んで転がしてなじませる。

◎乾燥しやすいので、次の作業までラップをかける。

外皮

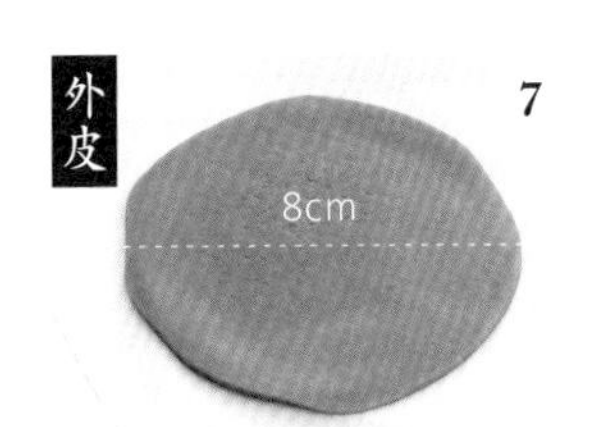

7 緑色の練り切りあんをオーブンシートで挟み、**1**と同様にして直径8cmくらいの平らな円形に広げる。

模様

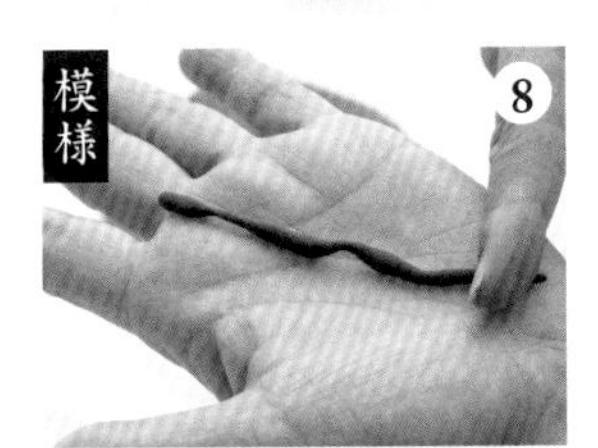

8 深緑色の練り切りあんを4等分してそれぞれ丸め、1つずつ手のひらにのせて指先でよじるようにして、**7**の直径より長く伸ばす。

9 **8**を長さを半分に切り、8分割の放射状に**7**に貼りつける。このとき、中心は重ならないように貼り、外側のはみ出た部分はカットする。

10 再度オーブンシートで挟み、上から平板でなでるようにして伸ばし、直径11～12cmに広げる。

外皮 包あん

11 オーブンシートごとひっくり返して手のひらにのせ、真ん中に**6**の閉じ目を上にして置く。

12 **3**と同様にして外皮とあんを密着させる。

◎深緑色の模様に緑色のあんがかぶらないように注意する。

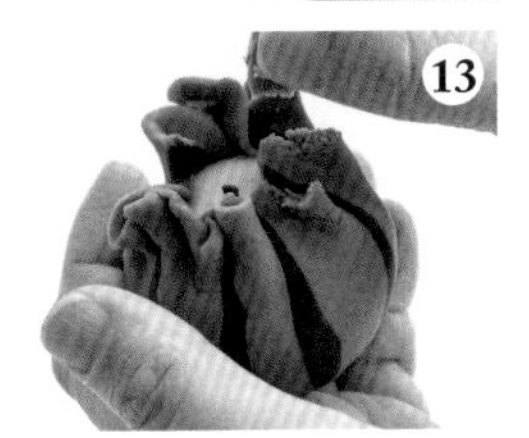

13 深緑色の模様を残すように緑色のあんの部分でひだを作り、ひだが重なる部分を指でつまんでちぎり取る。

14 ちぎった部分を整えながら余分なあんを取り除いて閉じ、指で押さえてなじませる。

◎中の白色のあんが見えていたら、**13**でちぎった緑色のあんを少量取ってすきまをふさぐ。

15 閉じ目を下にして両手のひらで挟んで転がしながら、丸く整える。

ヘタ

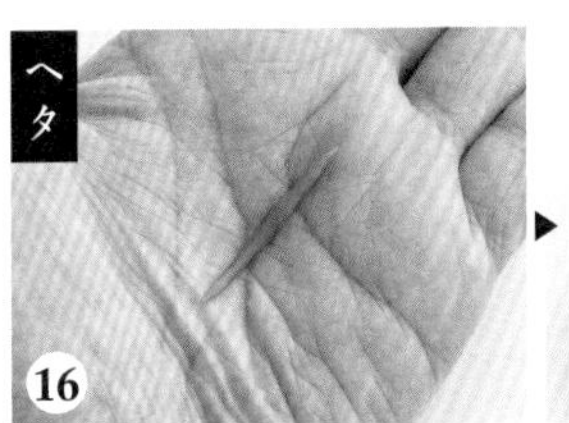

16 **13**でちぎり取った緑色のあんを直径6mmと3mmにそれぞれ丸める。直径6mmのあんは1.6cm長さに細長く伸ばし、さらに両端を指先で転がして細くする。**15**を閉じ目を下にしてオーブンシートの上に置き、細くしたヘタの一方の端を深緑色の模様が交差する中心に指の腹で貼りつけ、もう一方の端を竹串でくるんと巻いてのせる。直径3mmのあんを、ヘタの端を隠すように中心にのせ、竹串の先端で押さえてつける。

糸切り

17 伸ばした糸の上に**16**を下1：上2で切れるように横にして置く。糸の両端を持ち上げて中心でクロスさせ、切れ目がずれないように左右に糸を引いて切る。大きいほうのすいかを切り口を上にして糸の上に置き、同様に中心で糸をクロスさせて2等分する。

◎糸が真っすぐ重なっていることを確認して切る。糸切りしやすいよう、切るときはヘタははずす。

種

18 それぞれの断面に竹串で黒ごまをバランスよくつける。

◎竹串の持ち手側の先端をぬれぶきんにつけてから黒ごまを取る。先に真ん中に黒ごまをつけ、左右に向かってつけるとバランスがよい。

8月　盛夏

花火　*classic*

夏の夜空を彩る色鮮やかな情景を表現。
ぼかしを入れた練り切りあんに三角棒と押し棒で
繊細な細工を施して、大輪の花火に見立てます。

作り方 — p.64

キラキラとした太陽を思わせる夏の風物詩。
暑い中でも元気をもらえるような鮮やかな花を咲かせましょう。
基本の練り切り「水仙」(p.20)の応用で、押し棒やぼかしを加えて作れます。

作り方 —— p.66

ひまわり

modern

花火

•材料　1個分

〈練り切りあん*a〉

紫色、薄いピンク色**1**、
濃い水色、黄色……各3g

白色……13g

*練り切りあんの作り方はp.15、色づけはp.27、色配合はp.48参照。

中あん(p.19参照)……13g

•道具

ふきん(ぬらしてかたく絞る)／定規／竹串／三角棒／押し棒(先端が細くて丸いタイプ)

a

•作り方

生地合わせ

1

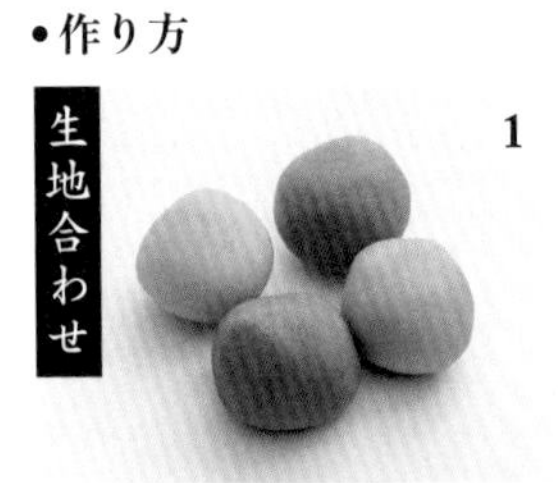

紫色、薄いピンク色**1**、濃い水色、黄色の練り切りあんを2列に並べる（並び順は好みで）。写真のように指先を合わせるようにしてしっかりくっつける。

2

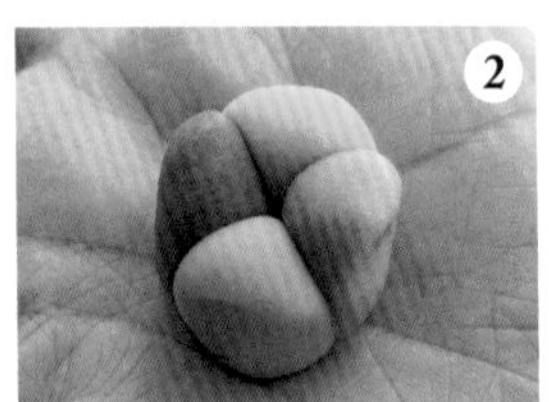

手のひらにのせて反対の手のひらのつけ根で軽く押さえ、平らにする。

3

あんの境目を、指先の腹で引っ張るようにこすってぼかす。

◎ぼかしが弱いとグラデーションに見えないので、強めに引っ張るようにしてぼかす。

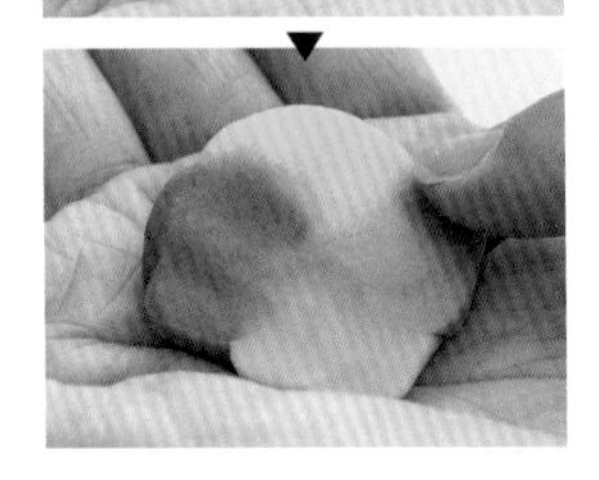

4

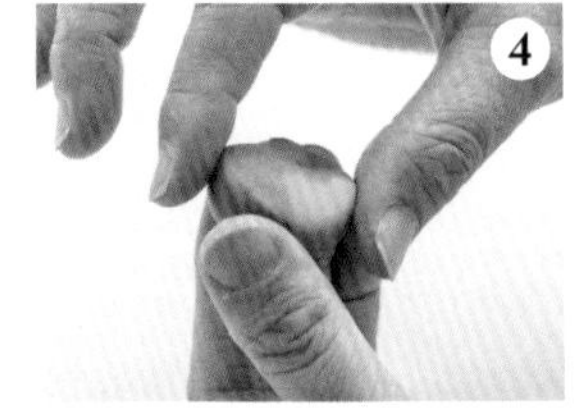

指先で持ち直し、回しながら周囲を丸く整える。

半包みぼかし

5

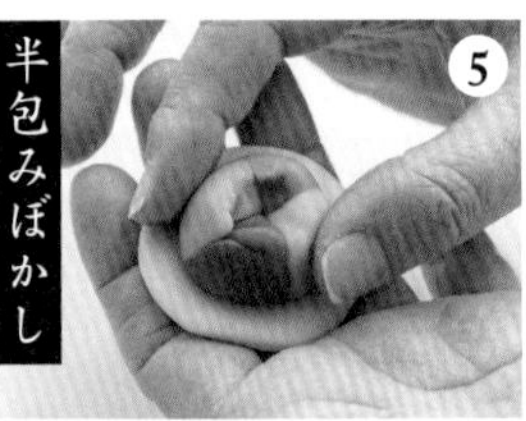

白色の練り切りあんをp.21の作り方**1**〜**2**と同様にして直径4.5cmくらいの平らな円形に広げ、真ん中に**4**の4色のあんをのせる。p.22の作り方**8**〜**9**を参考にして、4色のあんを指先でつまんで押さえ、白色のあんの縁が4色のあんの下1/3くらいの高さになるまで回しながら立ち上げる。白色のあんの縁を4色のあんにくっつける。

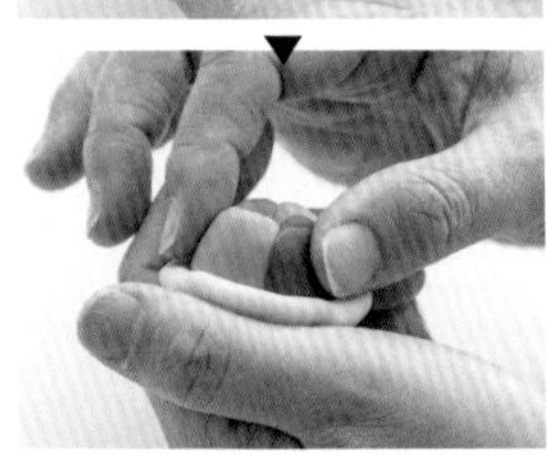

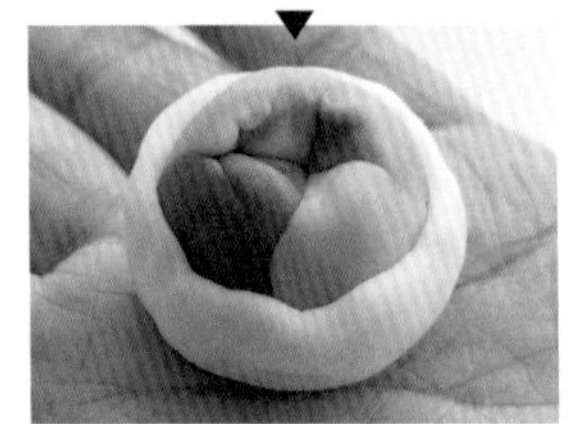

包あん

6

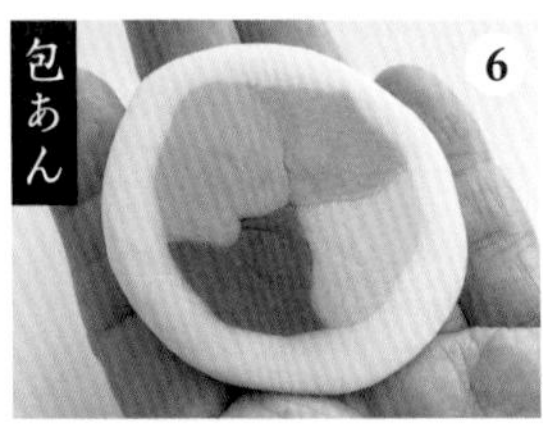

上から反対の手のひらの真ん中で均一に押さえ、さらに親指のつけ根で均一に押さえて直径6.5cmくらいに広げる。

7

真ん中に中あんをのせ、p.21の作り方**4**〜**11**と同様にして包む。

成形

閉じ目を下にして両手のひらで挟んで転がしながら、低めのなだらかな丸形に整える。

◎表面が丸すぎると、押し棒が入れづらくなって動かしにくいので、なだらかな山のようにする。

筋入れ

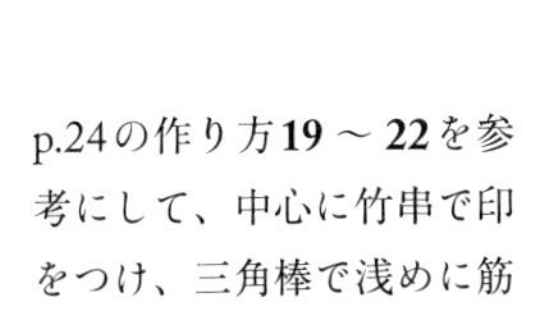

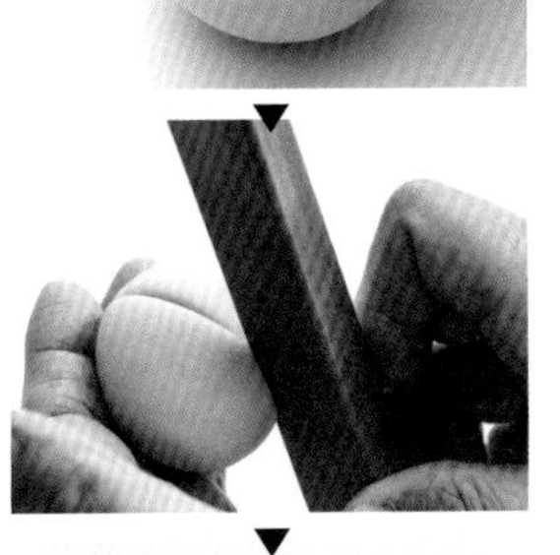

p.24の作り方**19** ～ **22**を参考にして、中心に竹串で印をつけ、三角棒で浅めに筋を16本入れる。

◎4分割→8分割→16分割の順に入れる。分割数が多い筋入れの場合、三角棒で深く筋を入れると押し棒を入れる場所が狭くなるので、筋は浅めに入れる。

4分割

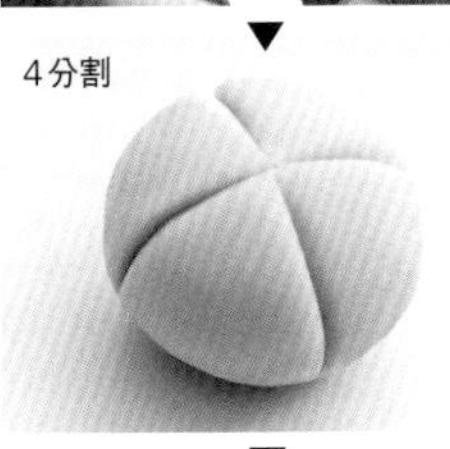

8分割

16分割

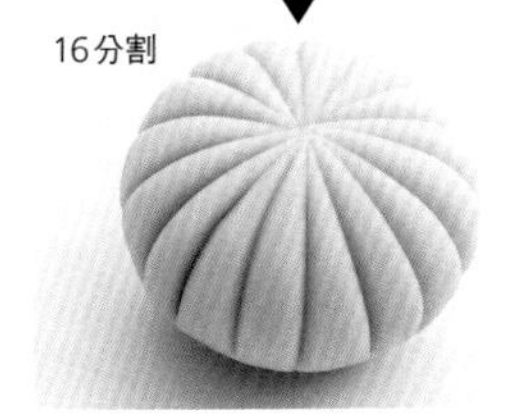

押し出し

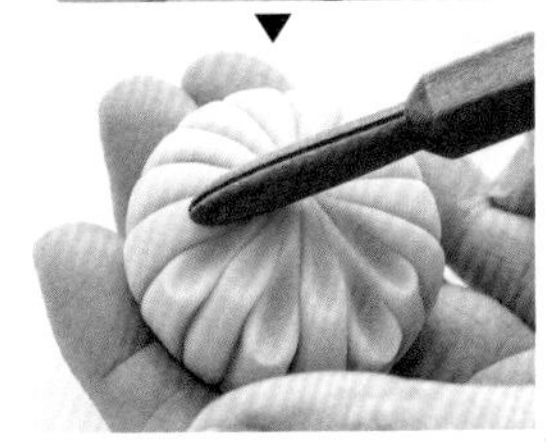

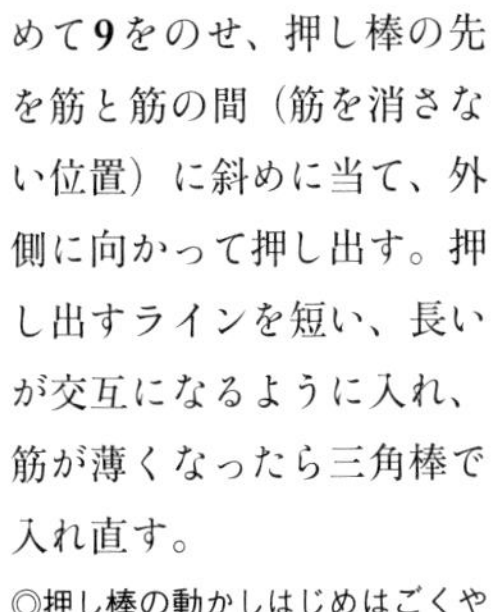

親指以外の指4本を少し丸めて**9**をのせ、押し棒の先を筋と筋の間（筋を消さない位置）に斜めに当てて、外側に向かって押し出す。押し出すラインを短い、長いが交互になるように入れ、筋が薄くなったら三角棒で入れ直す。

◎押し棒の動かしはじめはごくやさしく、白色のあんだけを引っ張るように押し出す。押し出す長さを均一にしないほうが花火らしくなる。

「菓銘」のお話

日本の四季の移り変わりが表現される練り切りは、形などの意匠はもちろん、お菓子につけられた菓銘も魅力のひとつになります。意匠に込められた想いを短い言葉で表すことは難しくもあり楽しくもあり、作り手の個性が出るところ。
本書では、練り切りを初めて知る方にもわかりやすい名前をつけていますが、私がふだん菓銘を考えるときは、抽象的な意匠にはわかりやすい名前を、わかりやすい意匠には工夫した名前を、と意識しています。
例えば、p.37「ランドセル」は「新たな門出」という菓銘をつけることもできます。また、p.62「花火」を変えるなら「夜空の花」にしてもいいですし、p.63「ひまわり」は「太陽の花」、p.80「紅葉」は「山粧う（やまよそおう）」、p.81「つや柿」は「木守（きまもり）」、p.87「サンタクロース」は「聖夜」、p.93「みかん」は「団らん」という感じに。
季語や花言葉、禅語、日本の美しい言葉を調べてつけるのも楽しいものです。和菓子屋さんに並ぶお菓子を見る目も変わると思います。ぜひ、意匠とともに菓銘も楽しんでください。

•材料　1個分

〈練り切りあん＊**a**〉

黄色……24g

白色……1.5g

＊練り切りあんの作り方はp.15、色づけはp.27、色配合はp.48参照。

中あん（p.19参照）……13g

赤こしあん……1～2g

•道具

ふきん（ぬらしてかたく絞る）／定規／オーブンシート（10×10cm）／和菓子ケース／竹串／三角棒／押し棒（先端が細くて丸いタイプ）／ミニへら

a

•作り方

貼りぼかし

1 黄色の練り切りあんをp.21の作り方**1**～**2**と同様にして直径4cmくらいの平らな円形に広げる。白色の練り切りあんを真ん中に置き、上から親指のつけ根で押さえて平らにする。

2 人差し指の腹で白色のあんの周囲を伸ばしてぼかす。

包あん

3 **2**を裏返し、手のひらで挟んで均一に押さえ、直径6.5cmくらいに広げる。真ん中に中あんをのせてp.21の作り方**4**～**12**と同様にして包む。

面取り

4 オーブンシートの上に**3**を閉じ目を上にしてのせる。手のひらの真ん中を当てて傾かないよう均等に押し、直径4cmくらいになるようにつぶす。オーブンシートごと持ち上げて、手のひらにひっくり返してのせる（閉じ目は下になる）。

もみ上げ

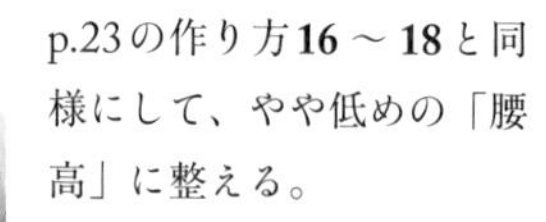

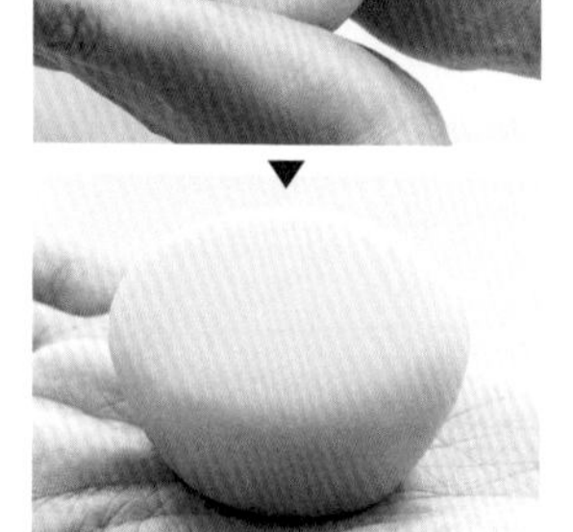

5 p.23の作り方**16**～**18**と同様にして、やや低めの「腰高」に整える。

花びら 筋入れ

6 p.24の作り方**19**～**22**を参考にして、中心に竹串で印をつけ、三角棒で深めに筋を12本入れる。最初に4分割の筋を入れ、次に筋と筋の間をそれぞれ3分割する。

▼

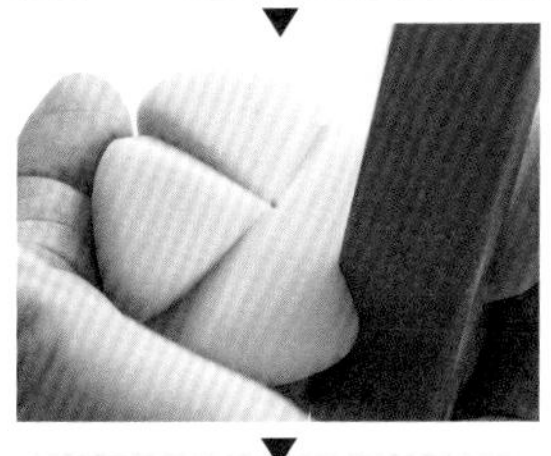

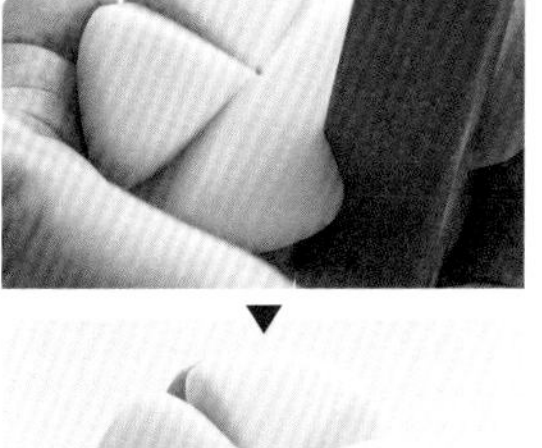

▼

▼

▼

花びら 押し出し

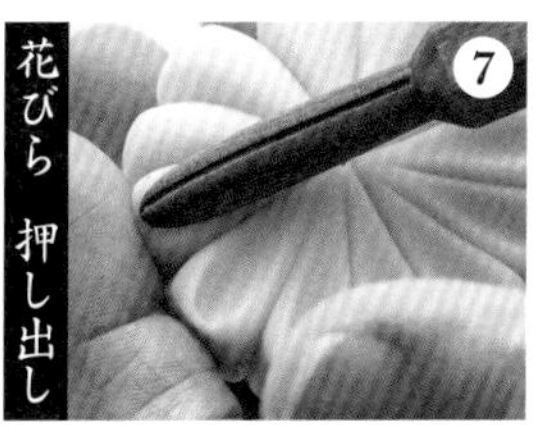

7 指先にのせ、花びらの縁に人差し指を当てて押し棒の先を筋と筋の間（筋を消さない位置）に斜めに当て、外側に向かって押し出す。

◎押し棒はごくやさしく当てて、人差し指に当たるまで押し出す。強く押し出すと花びらが広がりすぎてしまうので注意。

花びら つまむ

8 p.26の作り方**26**と同様にする。

花芯 くぼみ

9 中心に中指の腹を押し当てて、浅いくぼみをつける。

▼

花芯 仕上げ

10 赤こしあんをくぼみに置いてバランスを確認し、親指で押さえてくっつける。

◎大きさによって印象が変わるので、好みのサイズに調節する。

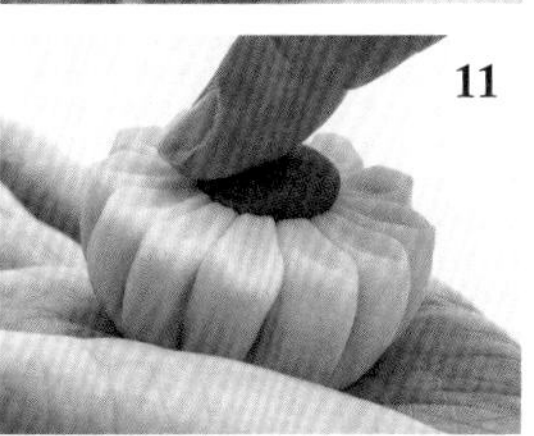

11 **10**を回しながら、上から人差し指の腹で何回かに分けて押さえて平らにする。花芯の縁は指先で軽く押さえ、角を取る。

12 ミニへらで花芯に格子状の模様を入れる。

◎花びらをささないように注意。

column 3. 包装資材と保存について

◎包装資材について

練り切りは乾燥しやすく、傷がつきやすい繊細な和菓子。自宅でいただく分はもちろんのこと、人に差し上げたり保存したりする場合も、個装するのが安心です。本書では、和菓子店でも使われている上生菓子用の和菓子ケース（p.12の**9**参照）に入るサイズで作っているので（p.57「すいか」は除く）、完成したら1個ずつケースに入れ、さらに和菓子用の紙箱（2個入りから各種サイズあり）に詰めると持ち運びがしやすくなり便利。ギフトにもおすすめです。

◎左写真のような和菓子用の紙箱は、製菓道具店やラッピングショップで購入できます。

◎保存について

練り切りは生菓子なので、作った当日中に食べるのがおすすめですが、寒天を使うお菓子以外は冷凍保存が可能です。上記のように1個ずつ和菓子ケースに入れてから箱に詰めて冷凍すれば、におい移りがなく、冷気が直接当たらないので劣化も防げます。1週間ほど保存ができ、凍ったまま持ち運べば型崩れの心配もありません。食べるときは室温に2～3時間おけば解凍できます。

保存の注意事項

◎冷蔵保存の場合は、冷蔵庫の冷気口を避けて保管し、翌日までに食べてください(冷凍より冷蔵のほうが乾燥しやすい)。

◎冷凍保存した練り切りあんを使って作った和菓子は、再冷凍不可。作ったその日のうちに食べてください。

autumn

9月 — 11月

田んぼの稲穂が黄金色に染まり、
稲の刈り入れが始まる頃。
しだいに街も山も黄色や赤色の秋色であふれていきます。
お月見やハロウィン、紅葉狩りと
イベントも盛りだくさんです。

9月　重陽(ちょうよう)の節句

作り方 —— p.72

お月見うさぎ

modern

秋の澄んだ夜空に輝く美しい月を愛でる中秋の名月。
お月見にちなみ、白うさぎの愛らしい姿を練り切りに。
ころんとした丸いフォルム、淡いピンクの耳とほっぺが特徴です。

作り方 ── p.73

•材料　1個分

〈練り切りあん＊**a**〉

薄いピンク色**2**……28g

白色……6g

＊練り切りあんの作り方はp.15、色づけはp.27、色配合はp.48参照。

中あん（p.19参照）……13g

•道具

ふきん（ぬらしてかたく絞る）／定規／竹串／三角棒／茶こし

•作り方

薄いピンク色**2**の練り切りあんをp.21の作り方**1**～**11**と同様にして広げ、中あんを包む。

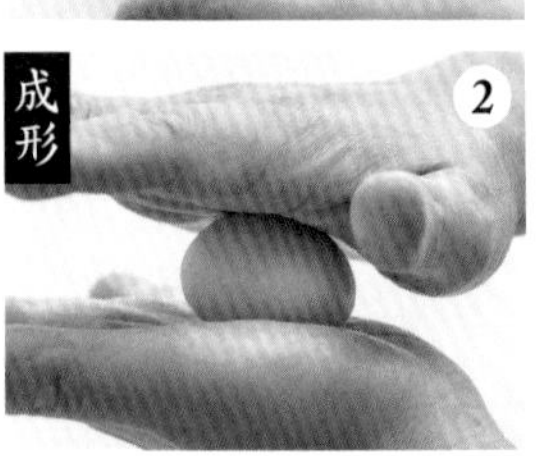

閉じ目を下にして両手のひらで挟んで転がしながら、少し低めの丸形に整える。

◎上にそぼろをのせるので、和菓子ケースに入れたときにそぼろがつぶれないよう少し低めに成形する。

p.24の作り方**19**～**22**を参考にして、三角棒で筋を12本入れる。

◎p.67の作り方6も参考にして、4分割してから筋と筋の間をそれぞれ3分割する。

白色の練り切りあんを4等分して丸め、それぞれ5mm厚さの楕円形に整える。1つを手に取り、茶こしの内側に当てて親指の腹でゆっくり押し出す。

◎楕円の厚みがそぼろの長さになるので、最初にそろえておくと仕上がりがきれいになる。

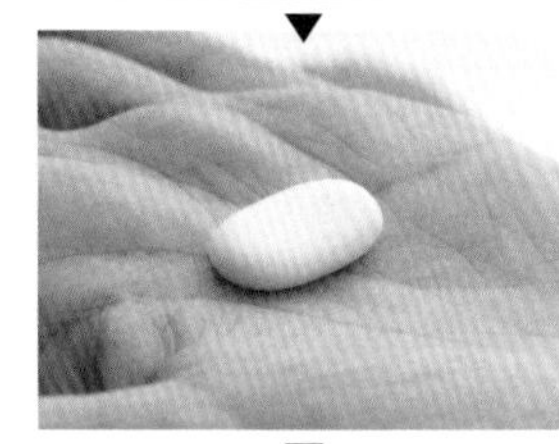

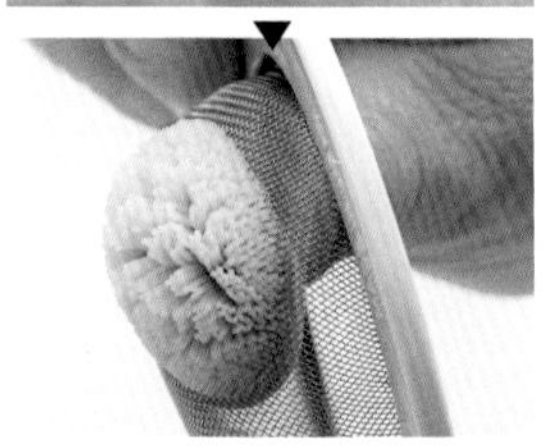

竹串の先端をかたく絞ったぬれぶきんで拭き、茶こしの網目に当てて真横に滑らせるようにしてそぼろを取る。**3**の上に数回に分けてふんわりとのせ、同様にして茶こしの使っていない面で残りの**4**を押し出し、そぼろにしてのせる。

◎上に重ねず、植えつけるように竹串の先端をあんにさしてのせる。竹串をくるっと回しながら抜くと、そぼろがきれいにはずれる。1回ずつ竹串の先端を拭くこと。

◎茶こしの全面を使いきったら、きれいに洗って水けを拭いてから同様にして残りのあんを押し出す。

お月見うさぎ

modern

•材料　1個分

〈練り切りあん＊a〉

白色……25g＋しっぽ0.5g

薄いピンク色1……耳0.5g×2個、ほっぺ0.3g

＊練り切りあんの作り方はp.15、色づけはp.27、色配合はp.48参照。

中あん（p.19参照）……13g

黒ごま……2粒

•道具

ふきん（ぬらしてかたく絞る）／定規／押し棒（先が細くて丸いタイプ）／竹串（またはつまようじ）

•作り方

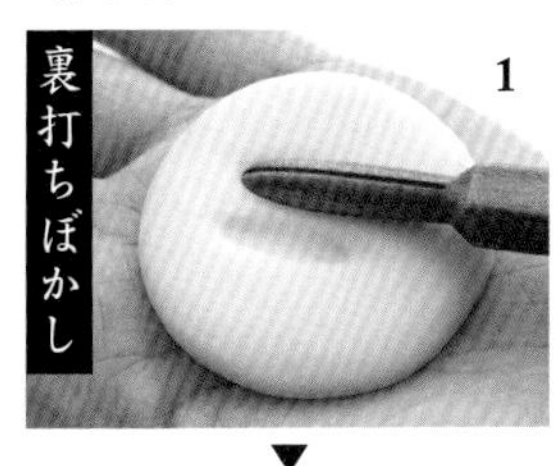

白色の練り切りあんを22gと3gに分け、それぞれ丸める。白色のあん22gをp.21の作り方1～2と同様にして直径5cmくらいの平らな円形に広げる。寝かした押し棒を真ん中寄りにグッと押し当て、くぼみを2本平行に入れる。

◎これが耳の部分になる。向こうが透けるくらい押し棒をしっかり押し当てる。

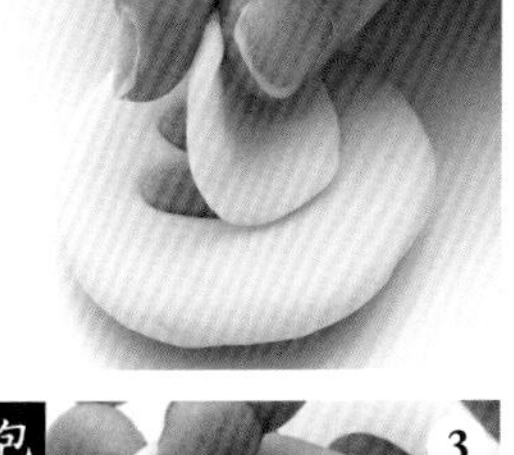

耳用の薄いピンク色1の練り切りあんを、1のくぼみの長さに合わせてそれぞれ楕円形に整える。くぼみに入れて親指のつけ根で押さえ、平らにする。1の残りのあんを指先で挟んで広げ、ピンク色のあんを覆うように重ねる。

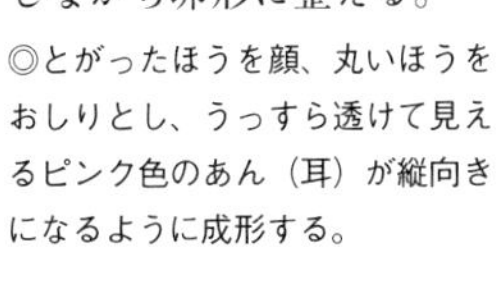

p.21の作り方2～11と同様にして広げ、中あんを包む。閉じ目を横にして手のひらに置き、両手のひらのつけ根をV字に合わせて転がしながら卵形に整える。

◎とがったほうを顔、丸いほうをおしりとし、うっすら透けて見えるピンク色のあん（耳）が縦向きになるように成形する。

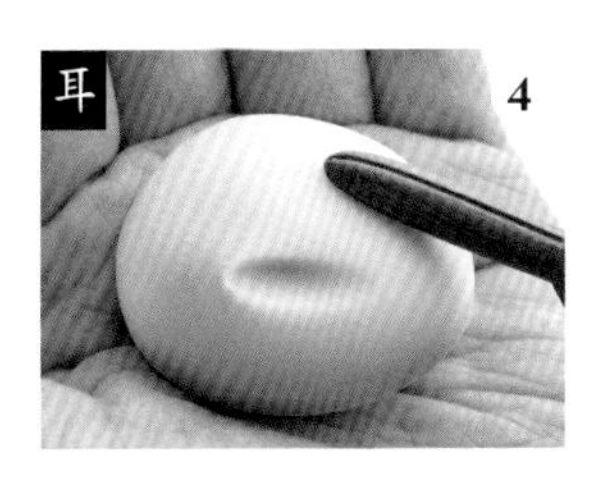

顔を手前側にむけて手のひらに置き、透けているピンク色の部分が出るように、押し棒で表面の白色のあんを押し出す。

◎顔からおしりの方向に向かって押し出し、1回で出ない場合は2～3回行い、左右でくぼみの深さをそろえる。

耳の下に竹串で黒ごまをつけて目にする。

◎竹串の持ち手側の先端をぬれぶきんにつけてから黒ごまを取る。黒ごまの向きを変えると表情が変わるので好みの顔に。

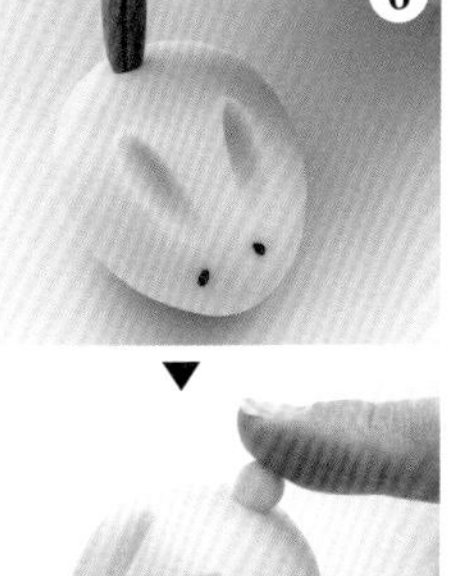

押し棒の先をおしりの丸みのやや上の真ん中に上からさし込み、くぼみをつける。しっぽ用の白色の練り切りあんを指先で転がしてしずく形に整え、とがったほうをくぼみにはめ、人差し指の腹で軽く押さえる。

ほっぺ用の薄いピンク色1の練り切りあんを2等分して丸め、ほっぺの位置につけて指の腹でやさしくトントンと叩いてなじませる。

10月　晩秋

神社やお寺、和庭園で見かけるつくばい。
茶室に入る前に手を清めるために置かれた手水鉢（ちょうずばち）のことで、
庭園の四季折々の景色を、葉っぱなどを添えて表現します。

作り方 —— p.76

ハロウィンおばけ

modern

お子さんやお孫さんと
一緒に作ってほしいハロウィンのお菓子。
「あのおばけちゃんは練り切りだったのか」と
大人になったときに思い出してくれたら
うれしいですね。

作り方 —— p.78

•材料　1個分

〈練り切りあん*1 **a**〉

白色……25g

赤色、オレンジ色……各0.2g

*1 練り切りあんの作り方はp.15、色づけはp.27、色配合はp.48参照。

黒すりごま……2 ～ 3g

中あん(p.19参照)……13g

寒天*2 ……10g

*2 作り方はp.54「基本の寒天」参照。事前に作って粗熱をとる（かためない）。

•作り方

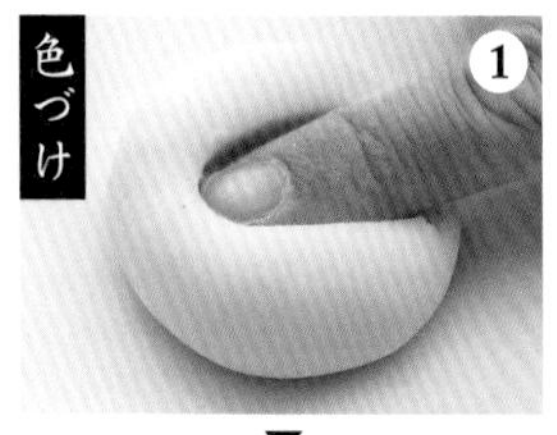

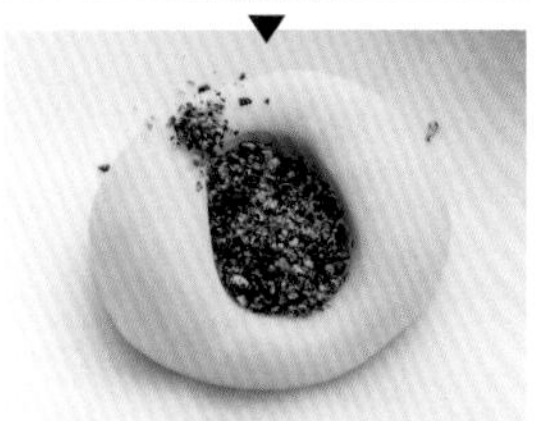

1 白色の練り切りあんをオーブンシートの上に置き、人差し指を押しつけてくぼみをつけ、黒すりごまを2/3量入れる。

◎すりごまを一度に入れて混ぜると飛び散るので、2回に分けて加える。

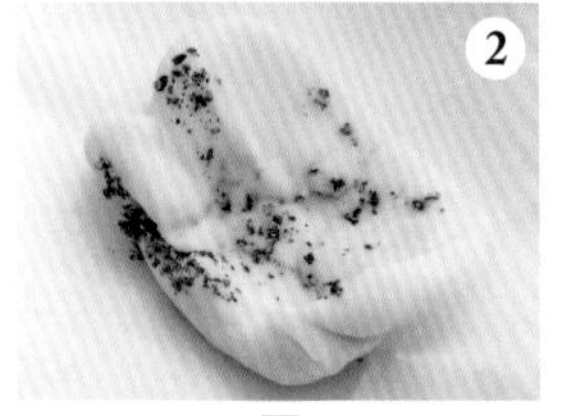

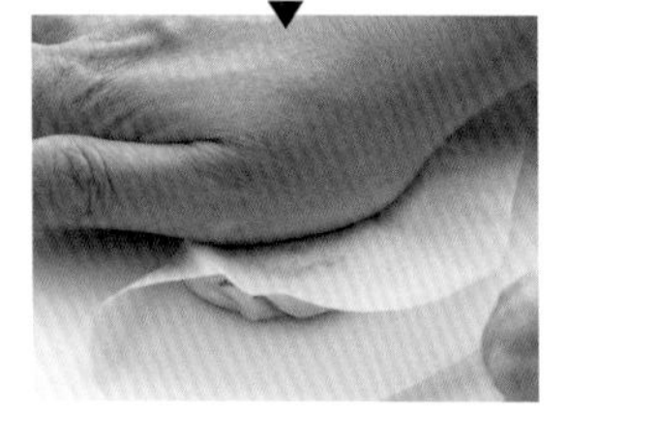

2 ごまを包み込むように指で折り込む。ある程度混ざったらオーブンシートで挟んで、シートの上から親指のつけ根で押し出しながら練り混ぜる。

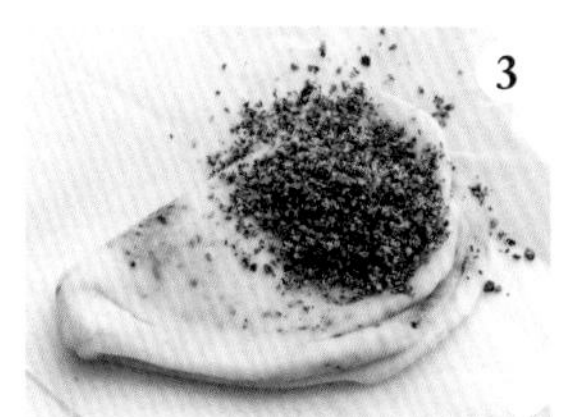

3 シートを開いて残りの黒ごまをあんの上にのせ、**2**と同様にして練り混ぜる。全体が混ざったら、両手のひらで挟んで転がしながら、丸形に整える。

4 p.21の作り方**1**～**11**と同様にして広げ、中あんを包む。

成形　**5** 閉じ目を下にして両手のひらに挟んで転がしながら、少し低めの丸形に整える。

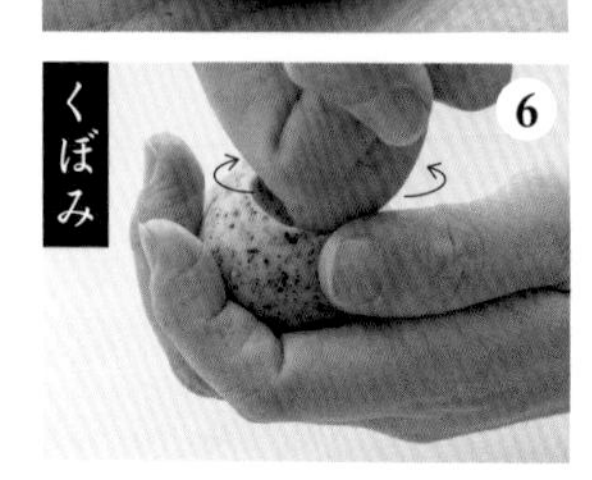

6 手の指のつけ根に置き直し、反対の手の中指を曲げて第2関節をあんの真ん中に押し当て、深さ1.5cmくらいのくぼみをつける。

◎練り切りの側面に親指を添え、反対の手の中指を倒すようにしながら左右に動かして、くぼみの口を広げる。

• 道具

ボウルS（注ぎ口のあるもの）／オーブンシート（10×30cm）／ふきん（ぬらしてかたく絞る）／定規／和菓子ケース／竹串／平板（小／7×10cm）1枚／ミニへら

くぼみの縁を指の腹でなでて少し丸みをつける。

寒天液が冷めたことを確認し（とろみがつきはじめたくらい）、7のくぼみに流し入れる。

◎寒天液が熱い場合は、ボウルをゆっくり回しながら冷ます。くぼみに流し入れる前に、7を和菓子ケースにのせておくと保管がしやすい。

寒天に気泡が入ったら、竹串の先端に食品用アルコールを吹きかけて、気泡にさして除く。かたまるまで、ふたをしないで室温におく。

◎寒天液がかたまる前にふたをするとブツブツができることがあるので注意。

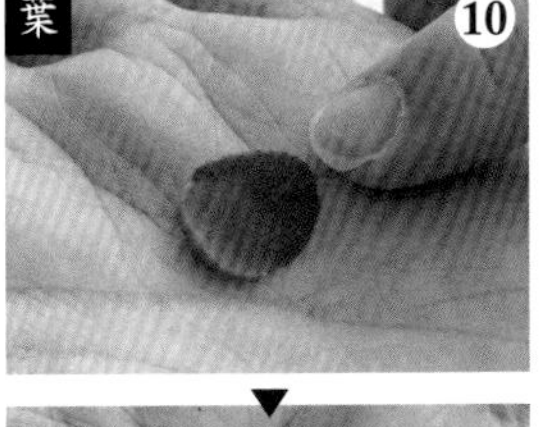

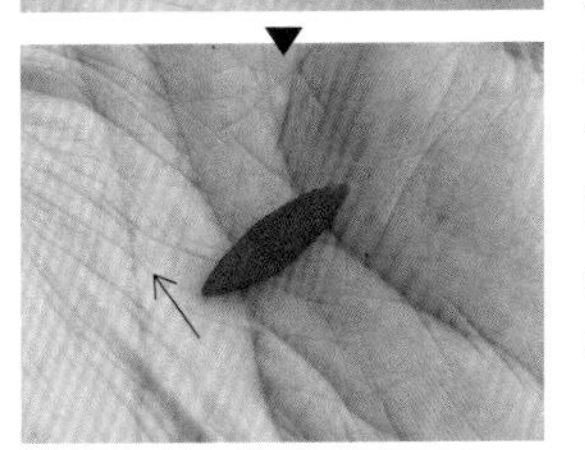

赤色とオレンジ色の練り切りあんを手のひらの上で上下に重ね、人差し指の先で軽く押さえてくっつける。そのまま縦向きにして指で押さえて平らにし、色の境目を指の腹でこすってぼかす。指先で転がして楕円形に伸ばし、さらに両端を転がして細くし、2.5cmくらいの長さにする。

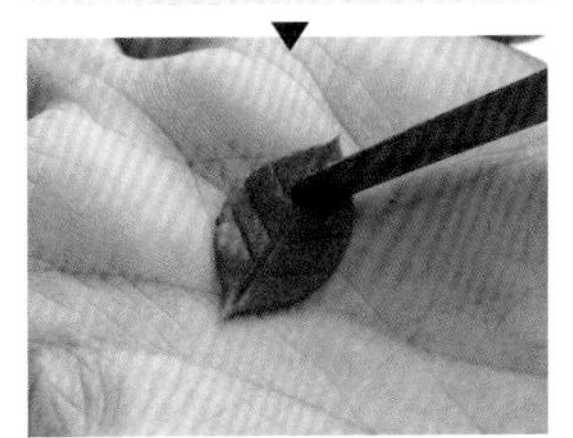

オーブンシートを折って挟み、上から平板で押さえて1.5mm厚さ×幅1.3cmくらいにする。ミニへらでオーブンシートからはがして手のひらにのせ直し、葉脈を描く。最初に縦に1本入れて、そこから左右に3本ずつ斜めに入れる。

ミニへらで9のくぼみの縁にのせる。

◎寒天と練り切りがふれている部分から離水が起きやすいので、なるべく寒天をよけて葉をのせ、早めに食べる。冷凍にはむかない。

ハロウィンおばけ

•材料　1個分

〈練り切りあん＊**a**〉
白色……23g
薄い赤色……0.3g
赤色……0.3g
紫色……1.5g
＊練り切りあんの作り方はp.15、色づけはp.27、色配合はp.48参照。

中あん（p.19参照）……13g
黒ごま……2粒

•作り方

白色の練り切りあんをp.21の作り方**1**～**11**と同様にして広げ、中あんを包む。

閉じ目を下にして手のひらに置き、両手のひらのつけ根をV字に合わせて転がしながら長めの円すい形に整える。
◎丸いほうが頭になる。

上下を返し、同様に転がして丸いほうも少しだけすぼませる。

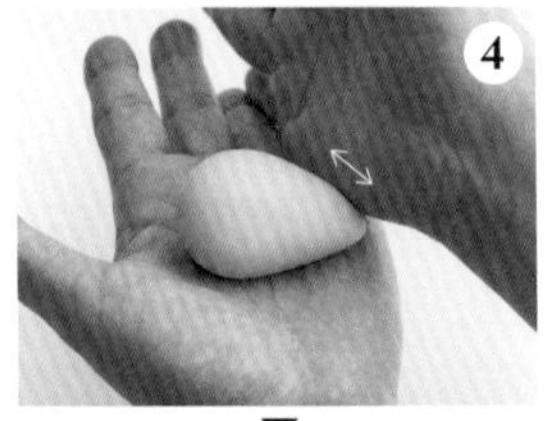

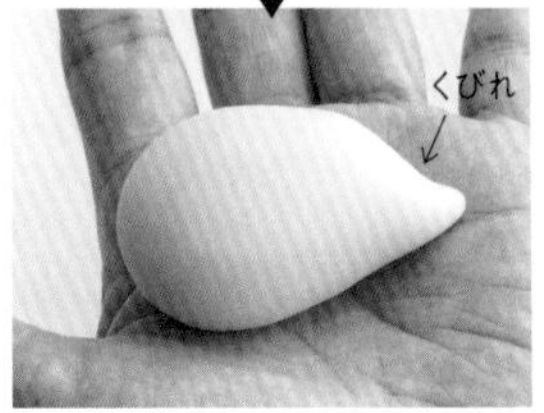

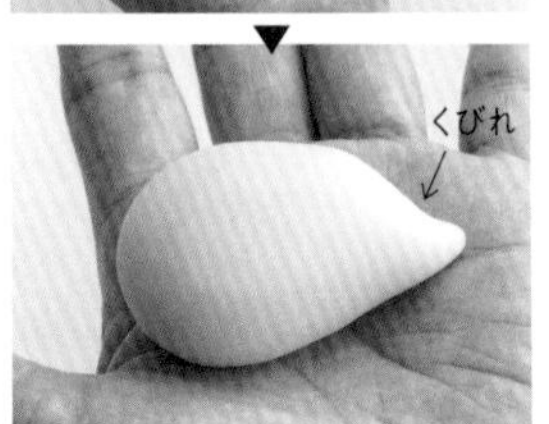

閉じ目を下にし、とがったほうが小指側になるよう横向きに置き直す。反対の手の小指のつけ根の側面をあんの先に当てて転がし、ゆるやかなくびれを作る。
◎手あとがつくので指先は使わないこと。

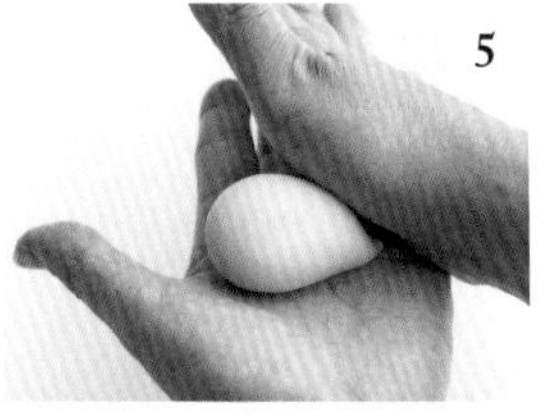

さらに、親指のつけ根を当ててすり合わせるようにして、くびれを自然なラインに整える。

とがったほうを上向きに置き直し、反対の手の小指のつけ根の側面をあんの先端に当てて、吹き出しのようなカーブをつける。

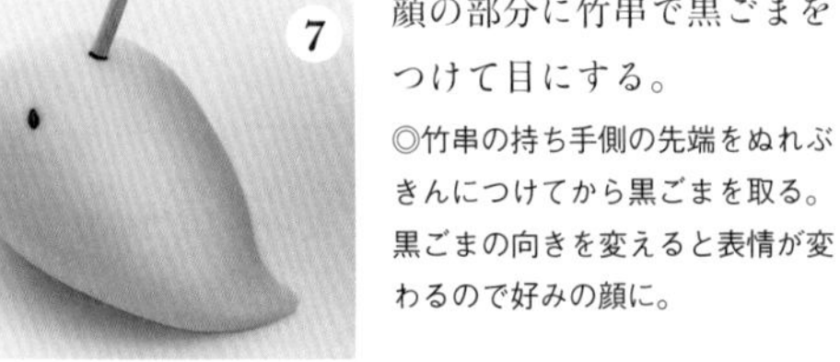

顔の部分に竹串で黒ごまをつけて目にする。
◎竹串の持ち手側の先端をぬれぶきんにつけてから黒ごまを取る。黒ごまの向きを変えると表情が変わるので好みの顔に。

• 道具

ふきん（ぬらしてかたく絞る）／定規／竹串／
ティースプーン（深さがあるもの）／ミニへら／
糸切りばさみ

口

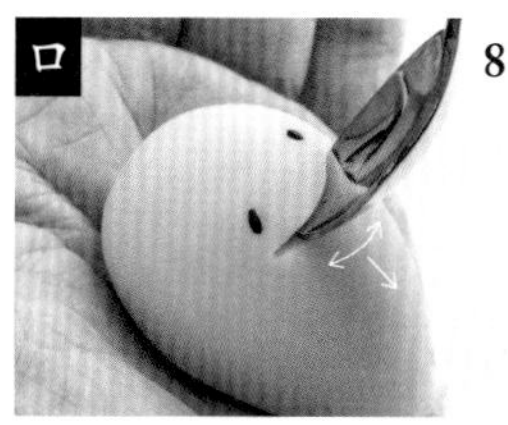

8 口の位置を決めてティースプーンをさし込み、そのまま少し下にずらして切り込みを開く。さらにスプーンを左右に少しふって、切り込みを広げて抜く。

ほっぺ

9 薄い赤色の練り切りあんを2等分して丸め、ほっぺの位置につけて指の腹でやさしくトントンと叩いてなじませる。

舌

10 赤色の練り切りあんを指先で転がしてしずく形に整え、指先で軽く押さえてからミニへらで縦に筋を1本浅く入れる。

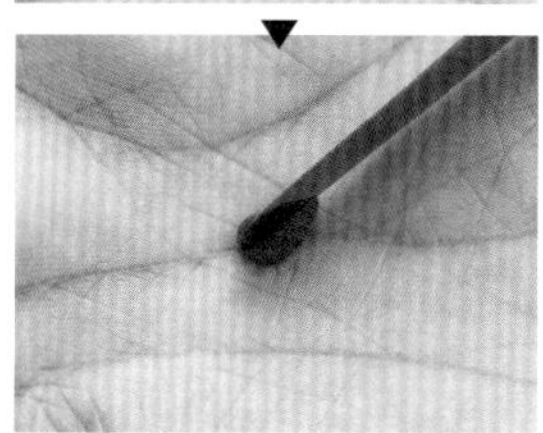

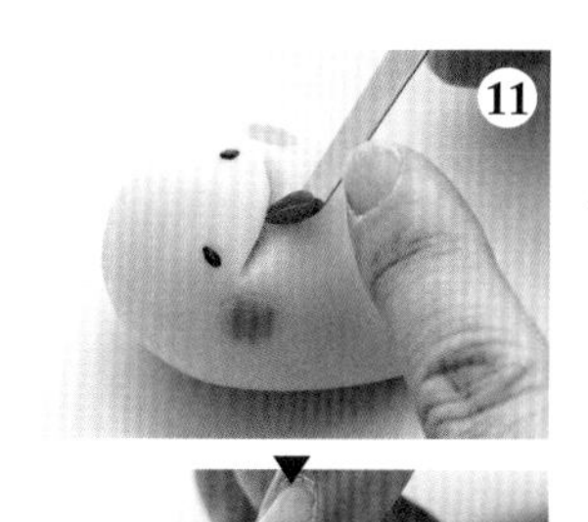

11 ミニへらの先にのせてとがったほうを口にさし込み、舌先を指で軽く押さえてカーブをつける。

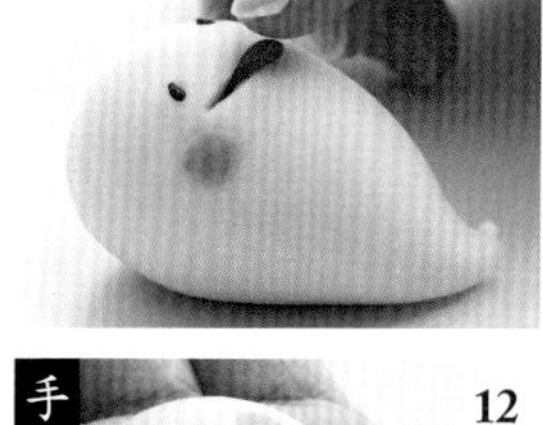

手

12 ほっぺの下あたりに糸切りばさみを斜め下から入れ、切り込みを入れる。刃先を入れたまま少し手を立ち上げ、はさみを抜く。もう一方も同様にする。

帽子

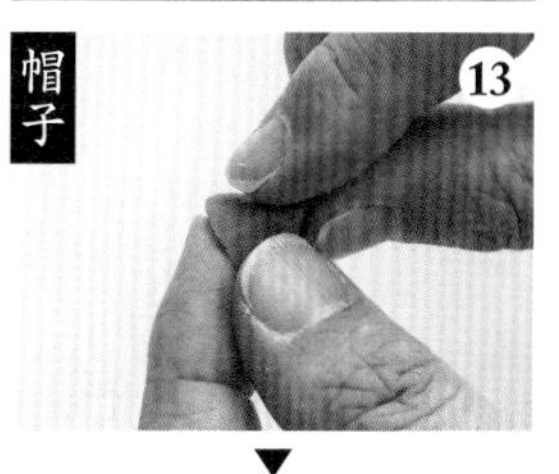

13 紫色の練り切りあんを指でつまみ、円すい形に整える。下の部分を親指と人差し指でつまんで薄く広げる。

14 **12**の頭の右寄りにのせ、縁を指先でこすって貼りつける。帽子の先端を指の腹で押さえて曲げる。

11月　立冬

紅葉 *classic*

秋を象徴する紅葉は、山々をも染める秋色です。
オレンジと赤のグラデーションで赤く色づく紅葉を表現。
もみじ饅頭のようなぷっくりとした造形が愛らしいです。

作り方 —— p.82

つや柿 *modern*

実りの恵みを実感できる秋の練り切り。
寒天をひと塗りしてつやっとさせることで旬感が増し、
柿らしい丸みと色合いが引き出されます。

作り方 —— p.84

紅葉

•材料　1個分

〈練り切りあん＊**a**〉

濃いオレンジ色……24g

薄いオレンジ色……1g

＊練り切りあんの作り方はp.15、色づけはp.27、色配合はp.48参照。

中あん(p.19参照)……13g

•道具

定規／ふきん(ぬらしてかたく絞る)／オーブンシート(10×10cm)／和菓子ケース／竹串／三角棒

•作り方

貼りぼかし

1 濃いオレンジ色の練り切りあんを両手のひらで挟んで押さえ、直径4cmくらいの平らな円形に広げる。反対の手の中指を曲げて第2関節をあんの中心より下に押し当て、浅いくぼみをつける。薄いオレンジ色の練り切りあんをくぼみにのせ、親指のつけ根で押さえて平らにする。

2 時計回りに90度回転させ、薄いオレンジ色のあんを指先で手前にこするようにして広げ、しっかりぼかす。

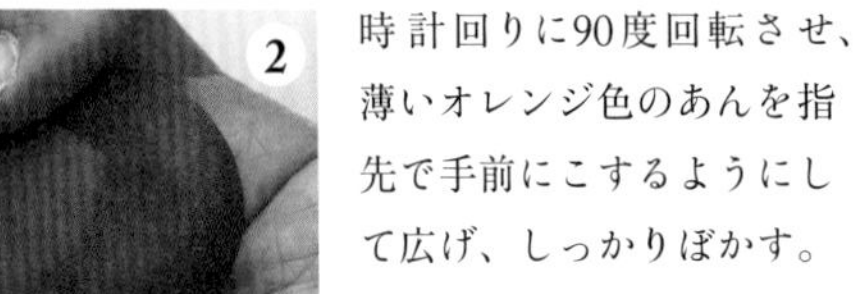

包あん

3 裏返して真ん中に中あんをのせ、p.21の作り方**2**～**12**と同様にして包む。

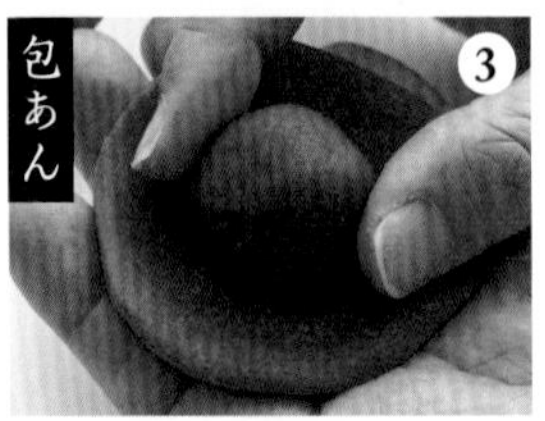

面取り

4 p.23の作り方**13**～**15**と同様にして面取りする。

もみ上げ

5 p.23の作り方**16**～**18**と同様にして、やや低めの「腰高」に整える。

成形

6 オーブンシートの上にのせ、手のひらをそるように広げて天面に当て、手のつけ根部分(あんの手前側)をゆっくりと押して、手前下がりになるよう傾斜をつける。

葉　葉脈

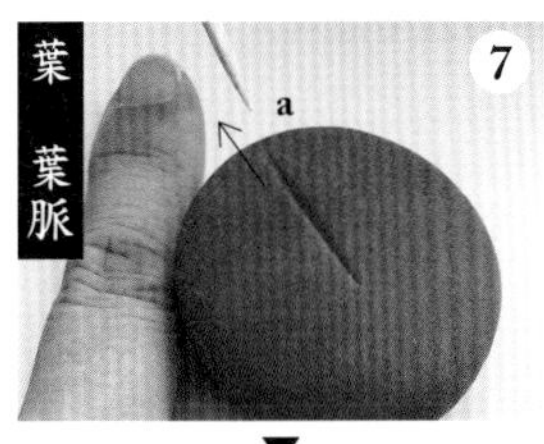

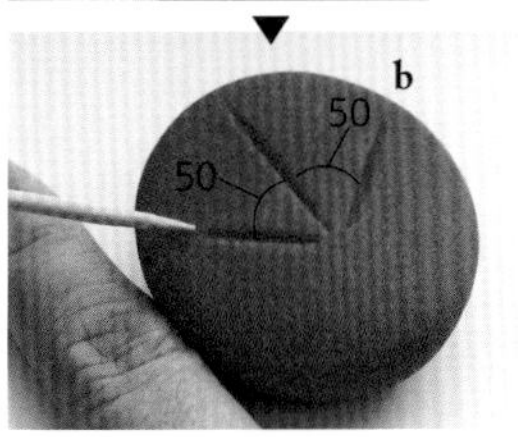

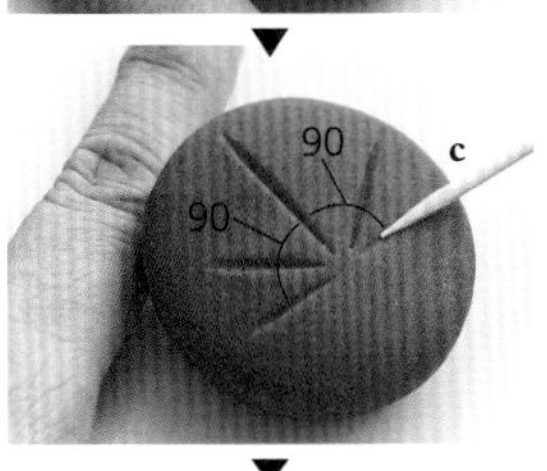

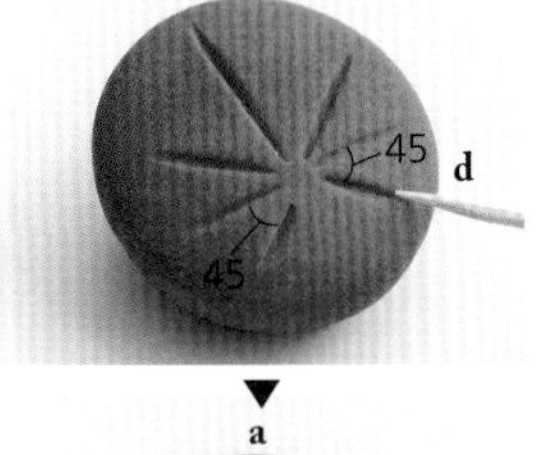

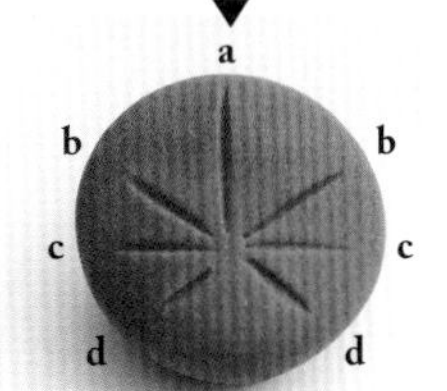

練り切りが動かないよう反対の手の人差し指を側面に添え、竹串で葉脈を描く。**a**竹串であんの中心よりやや下から上に向かって長い筋を1本入れる。**b a**から左右に50度くらいの位置に筋を1本ずつ少し短めに入れる入れる。**c a**から左右に90度くらいの位置に筋を1本ずつ、さらに短めに入れる。**d c**から45度外側に、いちばん短い筋を1本ずつ入れる。

◎入れはじめはそれぞれの筋がくっつかないようにすきまをあけ、入れ終わりは止めずに**a**のようにスッと力を抜いて先端をシャープにする。

葉　筋入れ

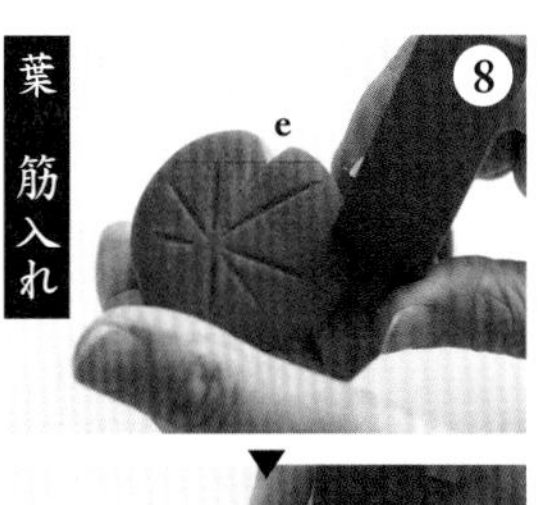

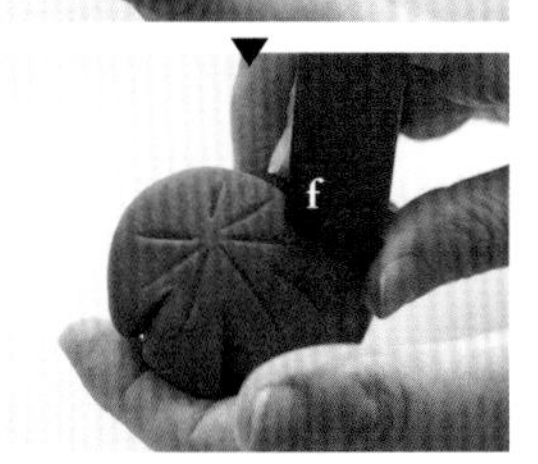

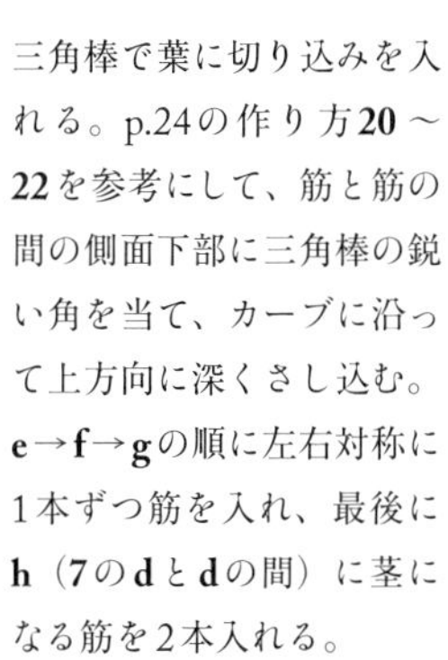

三角棒で葉に切り込みを入れる。p.24の作り方**20**～**22**を参考にして、筋と筋の間の側面下部に三角棒の鋭い角を当て、カーブに沿って上方向に深くさし込む。**e**→**f**→**g**の順に左右対称に1本ずつ筋を入れ、最後に**h**（**7**の**d**と**d**の間）に茎になる筋を2本入れる。

葉　つまむ

p.26の作り方**26**と同様にして、葉の縁をつまんでとがらせ、形を整える。

つや柿

modern

• 材料　1個分

〈練り切りあん*1 **a**〉

オレンジ色……25g

緑色……1.5g

*1 練り切りあんの作り方はp.15、色づけはp.27、色配合はp.48参照。

中あん（p.19参照）……13g

寒天*2……10g

*2 作り方はp.54「基本の寒天」参照。事前に作って熱い状態で使う。

• 道具

ふきん（ぬらしてかたく絞る）／定規／絹さらし（または薄いハンカチ）／ペーパータオル／箸（先がとがっていないもの）／オーブンシート（10×10cm）／刷毛／平板（小／7×10cm）1枚

a

• 作り方

包あん

1 オレンジ色の練り切りあんをp.21の作り方**1**～**11**と同様にして広げ、中あんを包む。

成形

2 閉じ目を下にして両手のひらで挟んで転がしながら、低めの丸形にする。さらに、オーブンシートの上に置いて両手で挟み、ゆるやかな四角形に整える。

ヘタ　くぼみ

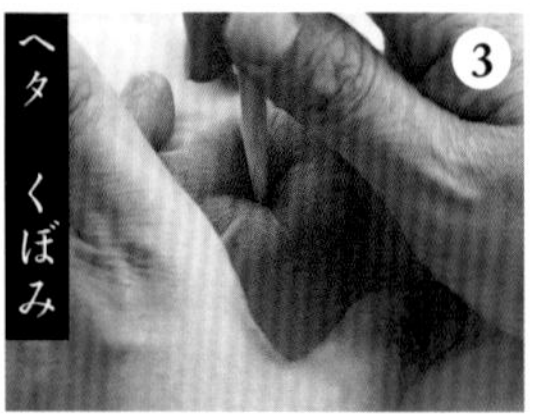

▼

3 絹さらしを水でぬらしてかたく絞り、ペーパータオルで挟んで押さえ、水けをとる。さらしを広げて**2**にかけ、さらしの端を押さえてピンと張る。上から練り切りの中心に、箸の先端を半分くらいの深さまで垂直にさし込んでくぼみをつける。

つや出し

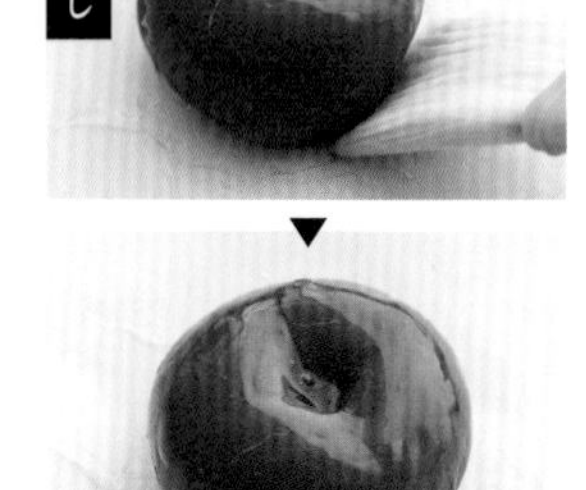

4 寒天が熱いうちに刷毛で全体に塗り、かたまるまで室温におく。

◎刷毛がない場合は、網や器に箸を渡した上に練り切りをのせ、上から熱々の寒天液をお玉でかけてもよい。

ヘタ　仕上げ

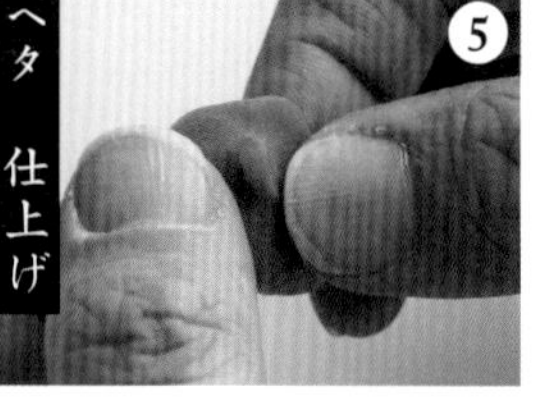

5 緑色の練り切りあんを指先で円形に広げ、縁はつまんで薄くして、中心を小高くする。

6 **4**の寒天がかたまったら平板にのせ、**5**をヘタのくぼみにのせる。

◎平板にのせるときは、カードを使うとよい。

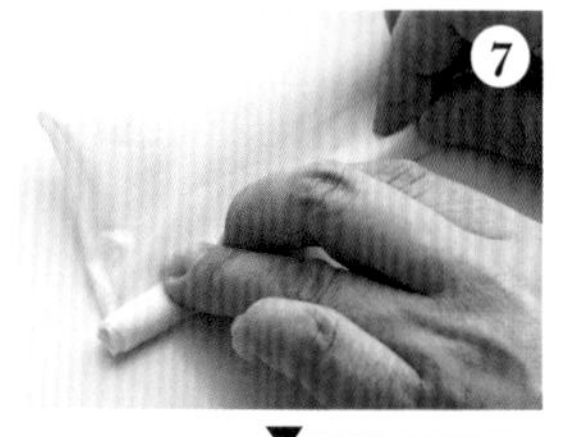

▼

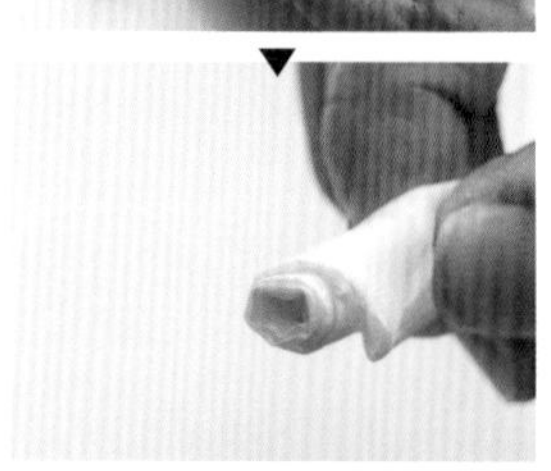

▼

▼

7 絹さらしを半分に折って端からきつく巻きつけ、ロール状になった絹さらしの先端をヘタの中心に押し当ててくぼませる。

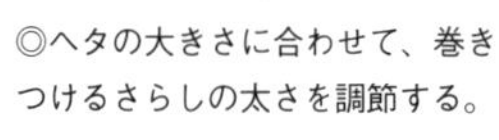

◎ヘタの大きさに合わせて、巻きつけるさらしの太さを調節する。

12月——2月

クリスマスから大晦日(おおみそか)、お正月へと、
街も暮らしも慌ただしく、にぎやかになる年末年始。
そんなシーンには華やかな練り切りを。
日本らしいキリッとした意匠が
よく似合います。

12月　聖夜

花かご　*classic*

くしで編み目をつけたかごにそぼろあんの花をこんもりと。
色のバランスや配置で好みに仕上げたり、
そぼろの花やかごの色を変えれば、どの季節でも楽しめます。
ここでは抜き型で、ポインセチアを加えました。

作り方 —— p.88

赤と白の練り切りあんを一体にして成形。
白いそぼろあんのひげやボンボンをのせれば、
あっという間にサンタさんに。
花かごと一緒に作って、
クリスマスを華やかに彩ってください。

作り方 —— p.90

サンタクロース *modern*

• 材料　1個分

〈練り切りあん＊**a**〉
茶色……25g
緑色……5g
白色……3g
赤色……1g＋ポインセチア4g
黄色……1g
＊練り切りあんの作り方はp.15、色づけはp.27、色配合はp.48参照。

中あん（p.19参照）……13g

• 作り方

包あん

1 茶色の練り切りあんをp.21の作り方**1**～**11**と同様にして広げ、中あんを包む。

成形

2 閉じ目を下にして両手のひらで挟んで転がしながら、低めのなだらかな山形に整える。

くぼみ

3 反対の手の中指の先をあんの真ん中に押し当て、練り切りを回しながら浅いくぼみをつける。

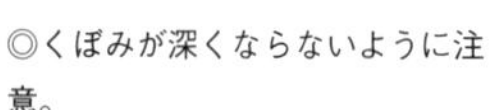
◎くぼみが深くならないように注意。

かごの編み目

4 くしを寝かせた状態で、先端部をあんのくぼみにのせるように当てる。そのまま、くしの歯をあんの側面にしっかり当てながら、あんとともにくしを指先のほうに動かし、編み目模様を1列つける。
◎くしの動きに合わせてあんの上面→側面→底面の順に編み目模様が入り、最後は裏返しになる。

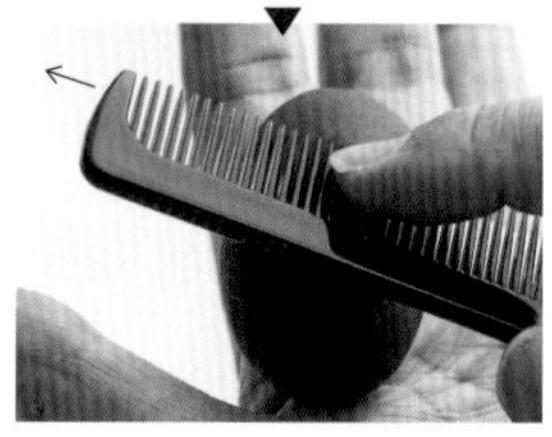

5 くぼみが上になるよう置き直し、くしの向きを左右ひっくり返して**4**の編み目に少し重なるようにずらしてくしの先端部を当て、**4**と同様にして編み目を1列つける。これでひと編み分になる。

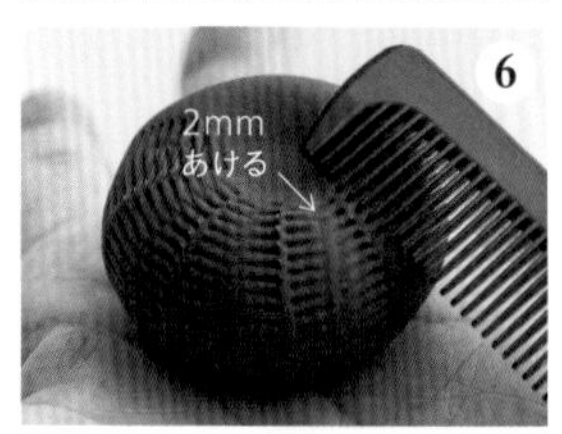

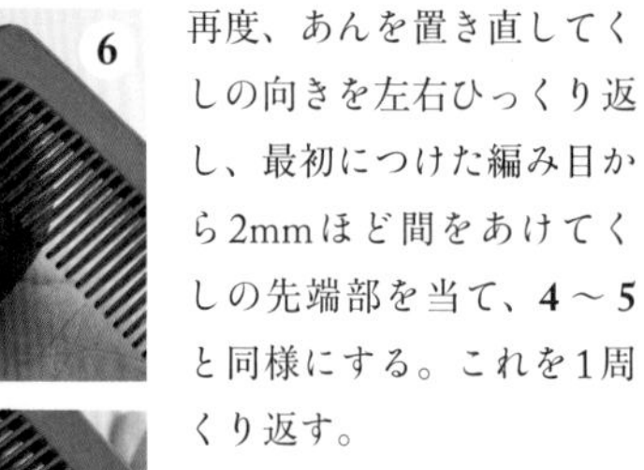
6 再度、あんを置き直してくしの向きを左右ひっくり返し、最初につけた編み目から2mmほど間をあけてくしの先端部を当て、**4**～**5**と同様にする。これを1周くり返す。

• 道具

ふきん(ぬらしてかたく絞る)/定規/くし/
茶こし/竹串/オーブンシート(10×10cm)/
平板(小/7×10cm)1枚/
抜き型(ポインセチアまたは星〈大・小〉)/ミニへら/箸

9 p.72の作り方**5**を参考にして、**6**のくぼみに数回に分けてふんわりと**8**をのせる。

そぼろ 緑色&白色

7 緑色と白色の練り切りあんを手のひらの上で上下に重ね、人差し指の先で押さえてくっつける。両手の指先でつまんで2~3回ひねり、割れてきたら両手のひらで挟んで転がし、棒状にして4等分にちぎる。

8 それぞれ5mm厚さの楕円形に整え、1つを手に取り、茶こしの内側に当てて親指の腹でゆっくり押し出す。

◎楕円の厚みがそぼろの長さになるので、最初にそろえておくと仕上がりがきれいになる。

そぼろ 赤色

10 赤色の練り切りあんを1mm厚さの楕円形に整え、**8**を参考にしてそぼろにし、緑色と白色のそぼろの上にランダムにのせる。

◎ここで完成としてもOK。

ポインセチア

11 ポインセチア用の赤色の練り切りあんをオーブンシートを折って挟み、上から平板で押さえて1.5mm厚さに広げ、大小の抜き型で抜く。

12 **11**を大の上に小をずらして重ね、ミニへらで取って**10**の縁にそっとのせる。ポインセチアの真ん中を箸の先端で押さえる。

花芯 そぼろ

13 黄色の練り切りあんを1mm厚さの楕円形に整え、**8**を参考にしてそぼろにし、**12**のポインセチアの真ん中につける。

•材料　1個分

〈練り切りあん＊**a**〉

白色……11g+3g+8g

赤色……11g

＊練り切りあんの作り方はp.15、色づけはp.27、色配合はp.48参照。

中あん(p.19参照)……13g

黒ごま……2粒

•道具

ふきん(ぬらしてかたく絞る)／定規／オーブンシート(10×30cm)／平板(小／7×10cm)1枚／カード／竹串／茶こし

a

•作り方

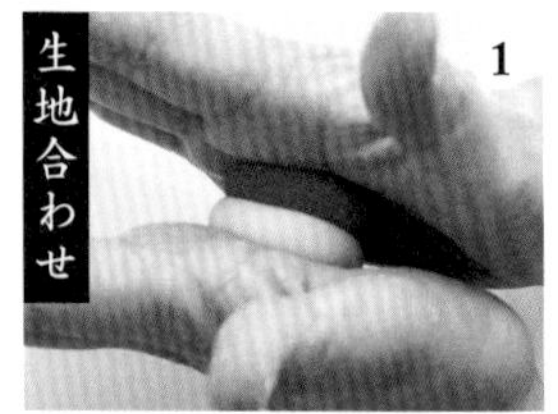

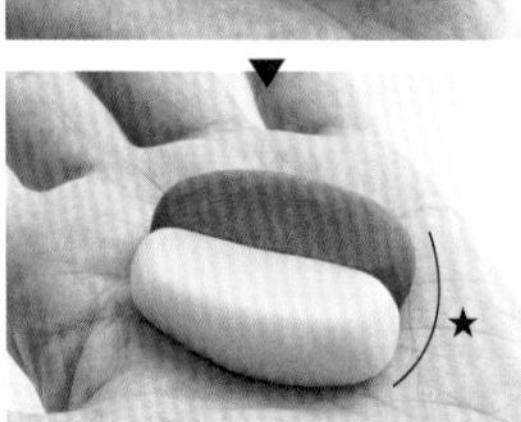

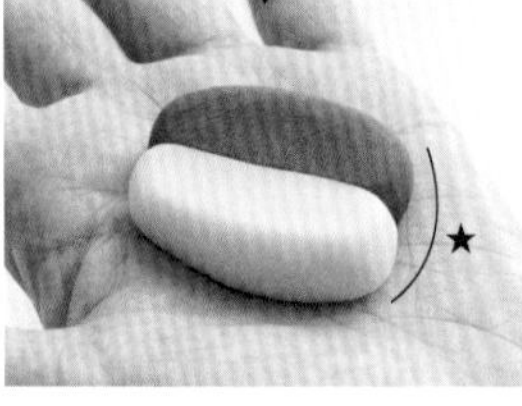

白色の練り切りあん11gと赤色の練り切りあんを手のひらの上で上下に重ね、両手のひらで挟んでくっつける。そのまま縦に立て、赤色のあんと白色のあんの境目を、ラインが真っすぐになるように真上から親指のつけ根で押してつぶし、平らにする。★の部分はなだらかな円形になるよう指で整える。

p.21の作り方**2**～**11**と同様にして広げ、中あんを包む。

◎色の境目を真ん中にして置き、赤色のあんと白色のあんが1:1になるように気をつけながら広げる。

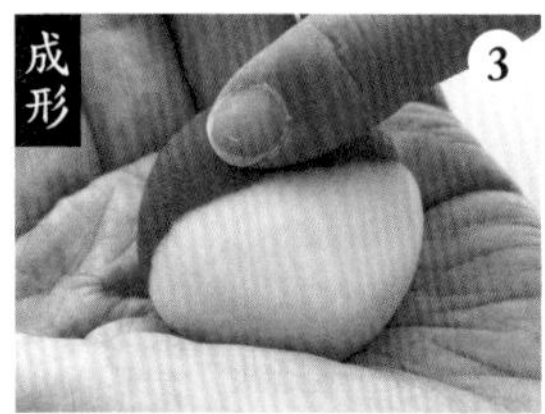

帽子

顔

閉じ目を下にして両手のひらで挟んで転がしながら、低めのなだらかな丸形に整え、さらに上から手のひらで軽く押さえる。色の境目を指の腹でさすり、ラインをきれいに整える。赤色が帽子、白色が顔になる。

◎境目は帽子の縁で隠れるので、だいたいでOK。

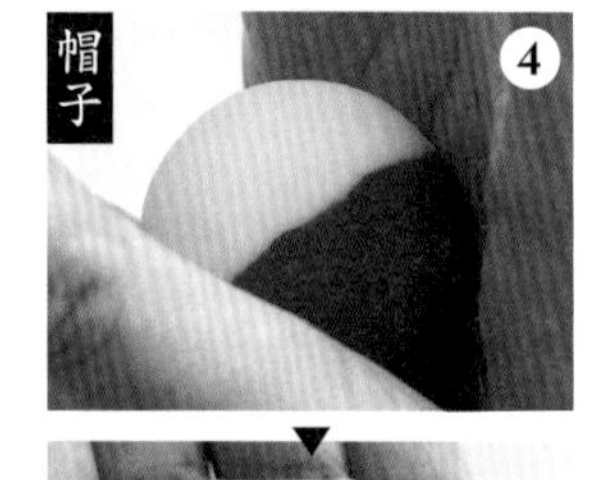

閉じ目は下のまま、赤い部分を下向きにして両手のひらであんを挟む。手のひらのつけ根をV字に合わせて転がしながら、三角帽のようにとがらせる。

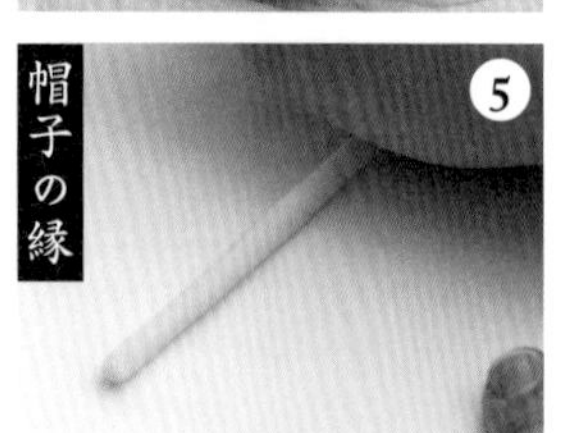

白色の練り切りあん3gをオーブンシートの上に置き、手のひらで転がして10cm長さくらいに伸ばす。

オーブンシートを折って挟み、上から平板で均一に押さえて平らにする。

7 オーブンシートをはがし、カードで幅0.8×長さ10cmにカットする。

◎余ったら、**10**に足してそぼろにしてもよい。

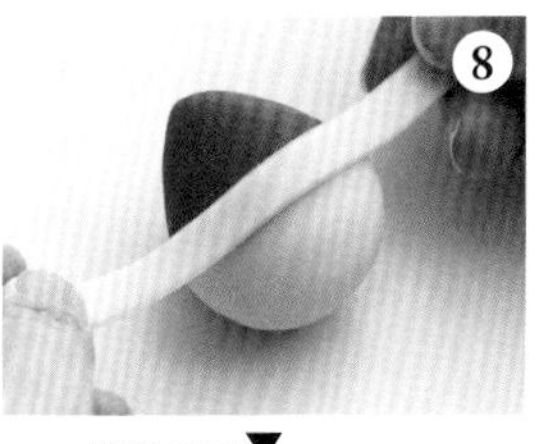

8 オーブンシートの上に、**4**を閉じ目を下にして赤色のあんが上になるように置き、色の境目に**7**をのせる。人差し指と親指の腹で頭部のあんを持ち上げて**7**を巻きつけ、後ろの重なった部分を指の腹でこすってなじませる。指で軽く押さえて留める。

目

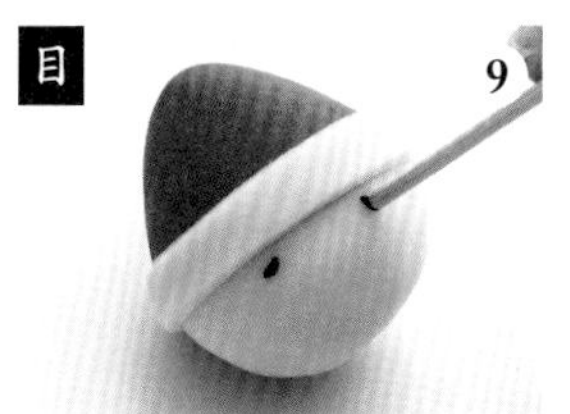

9 帽子の縁の下に、竹串で黒ごまをつけて目にする。

◎竹串の持ち手側の先端をぬれぶきんにつけてから黒ごまを取る。黒ごまの向きを変えると表情が変わるので好みの顔に。

そぼろ　ひげ

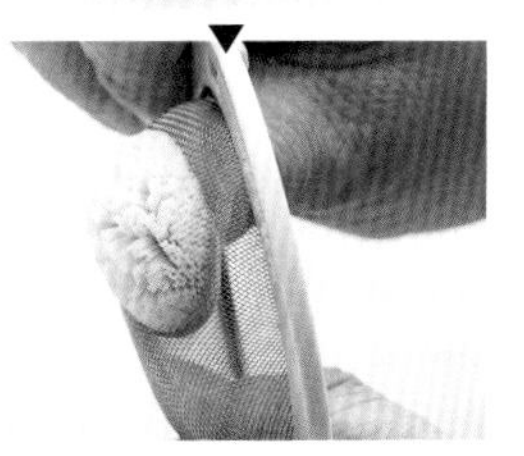

10 白色の練り切りあん8gを4等分して丸め、それぞれ5mm厚さの楕円形に整える。1つを手に取り、茶こしの内側に当てて親指の腹でゆっくり押し出す。そぼろの分量の配分は、3.5個分がひげ、残り0.5個分がまゆとボンボンになる。

◎楕円の厚みがそぼろの長さになるので、最初にそろえておくと仕上がりがきれいになる。

11 p.72の作り方**5**を参考にして、**9**のあごまわりに数回に分けて、植えつけるように白色のあん3.5個分をのせる。

そぼろ　まゆ＋帽子

12 **11**と同様にしてそぼろにした白色のあん0.5個分を、半量は左右の目の上にのせてまゆに、残りは帽子の先端にのせてボンボンにする。

1月　新春

classic 手毬（てまり）

手毬が作りたくて練り切りをはじめるという人も多い人気の意匠。
なかでも、紅白の手毬は日本のお正月によく似合う端正な配色。
縁起のよい色で新しい年に幸せを呼び込みます。

作り方 — p.94

modern みかん

冬はこたつで暖をとりながらみかんをむきむき。
片栗粉をまぶした果肉がリアルなので、
外皮を少しだけむいてチラ見せしています。

作り方 —— p.96

•材料　1個分

〈練り切りあん＊a〉

白色……25g

赤色……25g

＊練り切りあんの作り方はp.15、色づけはp.27、色配合はp.48参照。

中あん（p.19参照）……13g

金箔……少々

•道具

オーブンシート（20×15cm）2枚／平板（大／10×20cm）／定規／カード／ラップ／ミニへら／ふきん（ぬらしてかたく絞る）／三角棒／竹串

•作り方

貼り合わせ

1 白色と赤色の練り切りあんを、オーブンシートの上に5cmほど離して並べる。

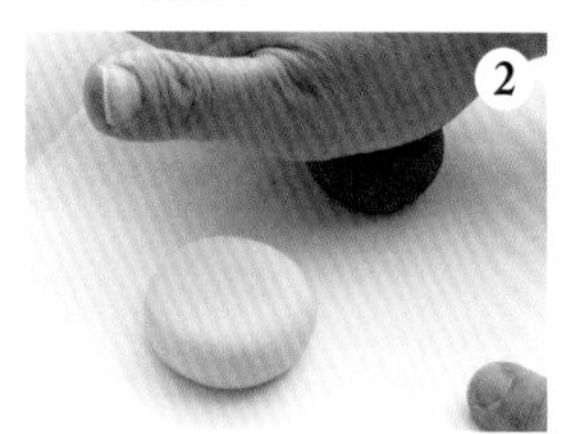

2 それぞれ親指のつけ根で軽く押さえて平らにする。縁が割れたり形が歪んでいたら丸く整える。

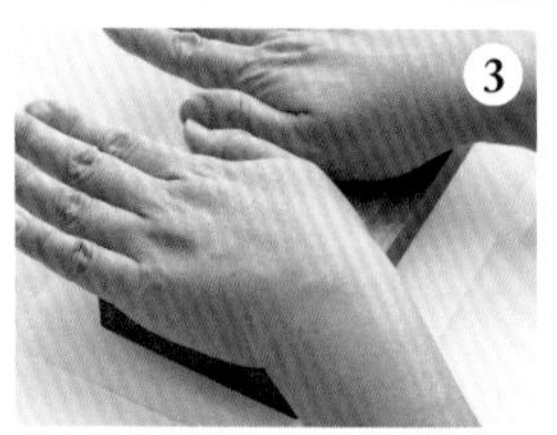

3 もう1枚のオーブンシートをかぶせ、上から平板で2つ一緒に押さえ、直径5cmくらいの平らな円形に広げる。

4 オーブンシートから一度、ゆっくりはがしてのせ直し、それぞれカードで半分に切る。赤と白各1/2枚を一組にして、一組分はラップに包む（ここでは使わない）。

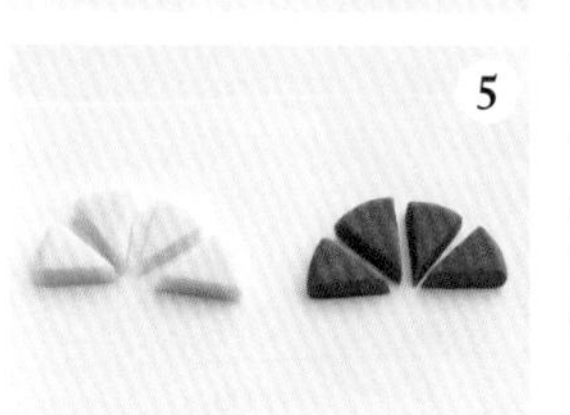

5 残り一組は、それぞれミニへらで放射状に4等分する。

◎中心の先端をつぶさないよう、1回切るごとにミニへらをかたく絞ったぬれぶきんで拭きながらシャープに切る。

6 5を赤と白交互に中心を合わせて並べ、円形にする。オーブンシートをかぶせ、上から平板で押さえて直径6.5cmくらいに広げる。

◎中心を無理にくっつけると広げるときに筋がゆがむので、少しすきまをあけて並べる。そのさい外周は少しでこぼこでもOK。

包あん

7 p.21の作り方**4**～**5**を参考にして、指をお椀のようにやわらかく丸め、その上に**6**をのせて自然な丸みをつけ、中あんをのせる。

8 p.21の作り方**6**～**10**を参考にして、練り切りあんを中あんに沿わせる。赤白のラインがねじれないよう、練り切りあんを回しながら下から持ち上げ、縁を垂直に立ち上げる。

◎練り切りあんの回しすぎは広がりの原因に。表面はこすらず、ゆっくり立ち上げる。

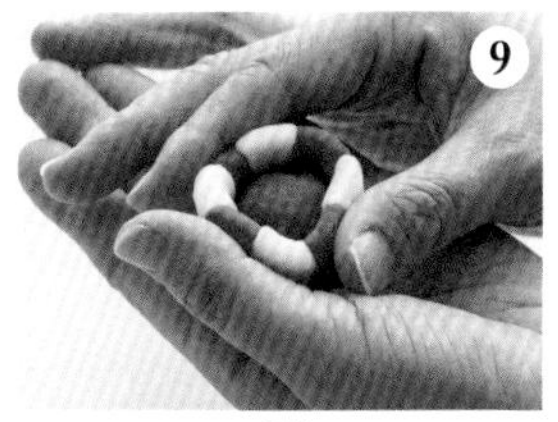

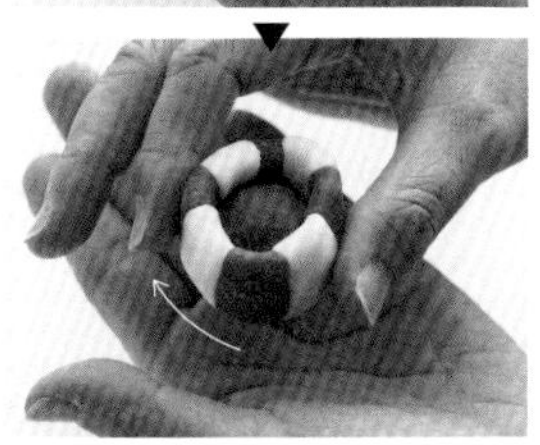

9 p.22の作り方**11**を参考にして、**8**の縁に親指と反対の手の親指と人差し指で三角を作るように当て、ゆっくり回しながら口を閉じる。
◎底がこすれないように、回すときは持ち上げる。

10 閉じ口は赤と赤、白と白が向かい合わせになるようにして閉じる。閉じ目がくっついたら、指先でこすってなじませる。

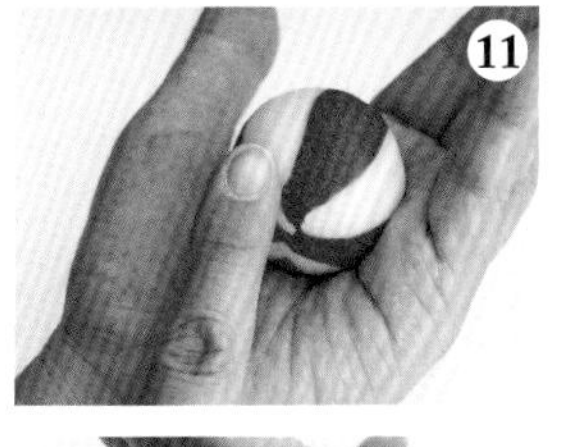

11 赤白のラインがゆがんでいる部分は、指の腹であんを寄せるようになでて整える。
◎ここではこすらない。

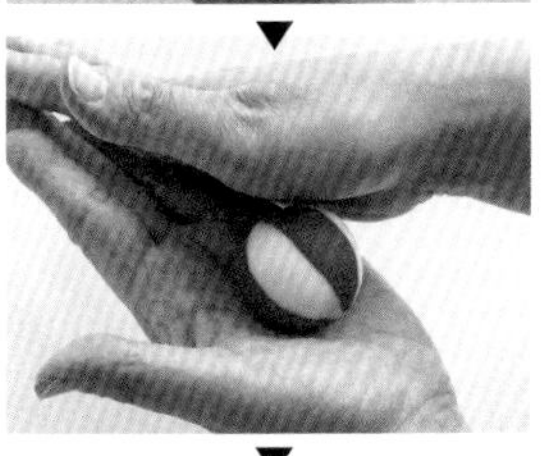

12 模様が手のひらに対して平行になるように両手のひらで挟み（閉じ目は手首側）、丸く整える。コロコロと転がさず、両手で圧をかけるようにして高さを上げ、丸みがなくなった部分は親指のつけ根を当てて形を整える。
◎こすると模様がよれてしまうので注意。

13 模様が横向きになるように手のひらに置く。白と赤の境目に、三角棒の鋭い角を当て、閉じ目から頂点に向かって深めに筋を入れる。
◎赤と白のあんの境目に筋を入れることで、細かなよれを隠すことができる。

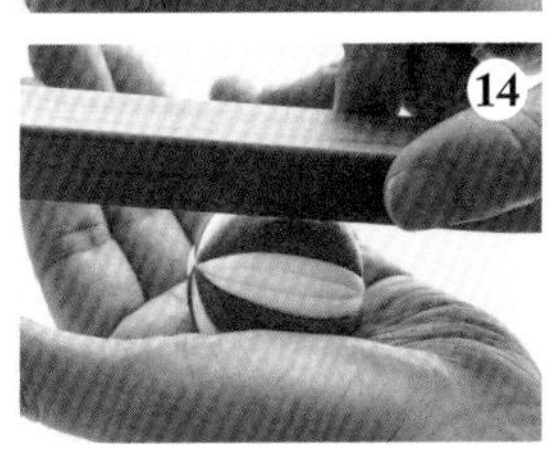

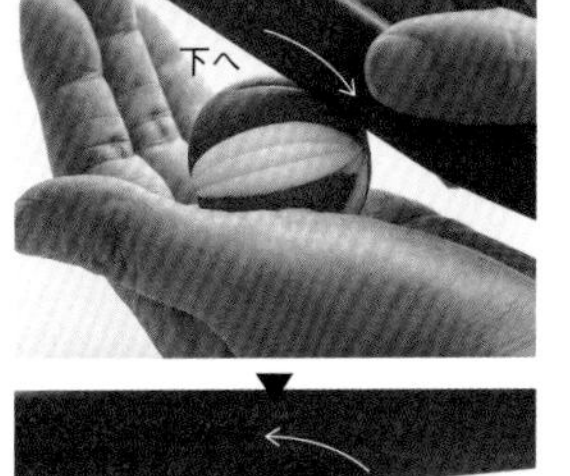

14 さらに筋と筋の間に1～2本ずつ浅い筋を入れる。このとき、最初に閉じ目から1/3の位置に三角棒を当て、閉じ目に向かって下方向に筋を入れてから、頂点に向かって上方向に入れる。そのさい、頂点に近づくにつれ力を抜いていく。
◎深い筋を入れると、あんを回している間に筋がつぶれて全体がゆがむので、ここでは浅く筋を入れる。

上へ

金箔

15 閉じ目を下にして置き、模様の中心に竹串で金箔を飾る。

・材料　1個分

〈練り切りあん[*1] **a**〉

オレンジ色……果肉12g

　＋外皮12～14g[*2]

白色……3g

緑色……1g

＊1 練り切りあんの作り方はp.15、色づけはp.27、色配合はp.48参照。

＊2 包みきれないときに備えて少し多めに用意。

中あん（p.19参照）……13g

片栗粉……少量

a

・作り方

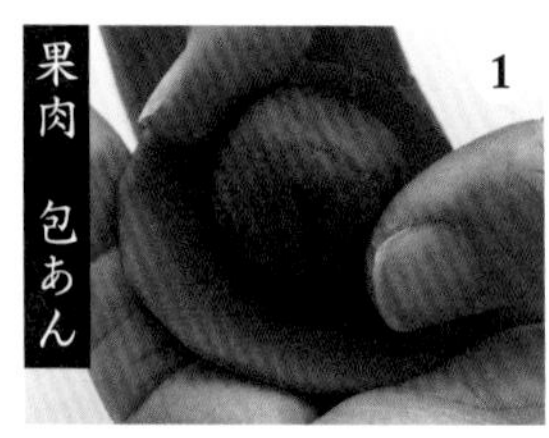

果肉用のオレンジ色の練り切りあんを、p.21の作り方**1**～**11**と同様にして直径4.5cmくらいに広げ、中あんを包む。

閉じ目を下にして両手のひらで挟んで転がしながら、低めの丸形に整える。

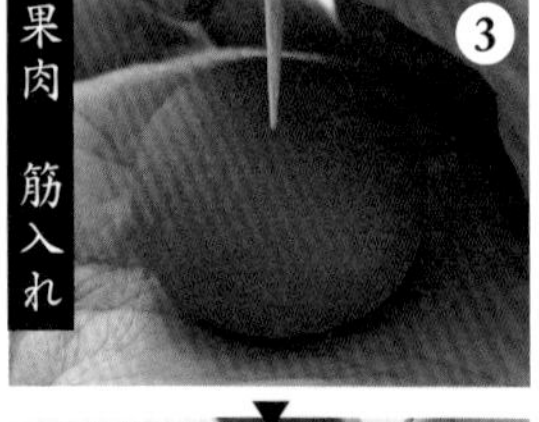

p.24の作り方**19**～**22**を参考にして、三角棒で深めに筋を12本入れる。

◎p.67の作り方**6**も参考にして、4分割してから筋と筋の間をそれぞれ3分割する。果肉のふさの大きさは不ぞろいなので、筋が等間隔に入らなくてもOK。

三角棒を横向きにして鋭い角の先端部分をあんに当て、横筋を入れる。幅は不ぞろいでもよいので上から順に細かく入れていく。

絹さらしを水でぬらしてかたく絞り、ペーパータオルで挟んで押さえ、水けをとる。さらしを広げて**4**にかけ、さらしの端は手で押さえずに、上から果肉の中心に押し棒の先端を8mmほどさし込んでくぼみをつける。

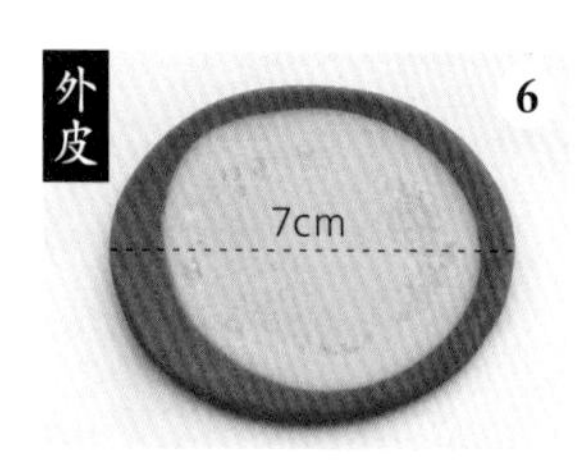

外皮用のオレンジ色の練り切りあん12gを手のひらで押さえ、直径5cmくらいの平らな円形に広げる。白色の練り切りあんをオーブンシートを折って挟み、上から平板で押さえて直径4cmくらいの平らな円形に広げ、オレンジ色のあんに重ねる。再度オーブンシートで挟み、上から平板で均一に押さえて直径7cmくらいに広げる。

オーブンシートからはがして指4本の上に取り、あんの中心に下から竹串をさして穴をあける。

◎最後に皮をむくときに、指を引っ掛けてむきやすくするため。

5の上半分に刷毛で片栗粉をつける。

◎横筋に片栗粉が入って白い筋のように見えるとともに、外皮を重ねたときにくっつきにくくなる。払いすぎるとくっつきやすくなるので注意。

•道具
ふきん(ぬらしてかたく絞る)／定規／竹串／三角棒／
絹さらし(または薄いハンカチ)／ペーパータオル／
押し棒(先端が太くてとがったタイプ)／
オーブンシート(15×15cm)／平板(小／7×10cm)1枚／
刷毛(または筆)／ささら／抜き型(星〈小〉)

外皮 包あん

9 7を指先よりの手のひらにのせる。8の上下を逆にして果肉の真ん中のくぼみと7の竹串であけた穴を合わせてのせる。

10 p.60の作り方3と同様にして、外皮を果肉に沿うようになでて密着させる。

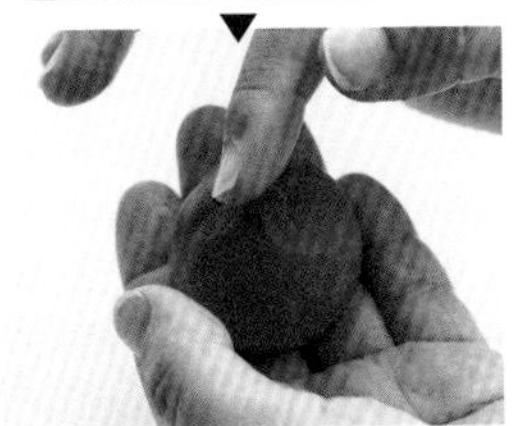

11 再度反対の手の指で面を作って10を支えながらひっくり返し、元の手の指先で持ち直す。ひだを寄せながら、外皮を閉じてなじませる。
◎p.21の「包あん」のようにあんを回したり、中あんを押さえすぎると外皮がくっつき、最後にむけなくなるので注意。
◎ここで果肉を包みきれないときは、残りの外皮用のオレンジ色の練り切りあんを指先で薄く伸ばし、閉じ目を覆うようにかぶせてなじませる。

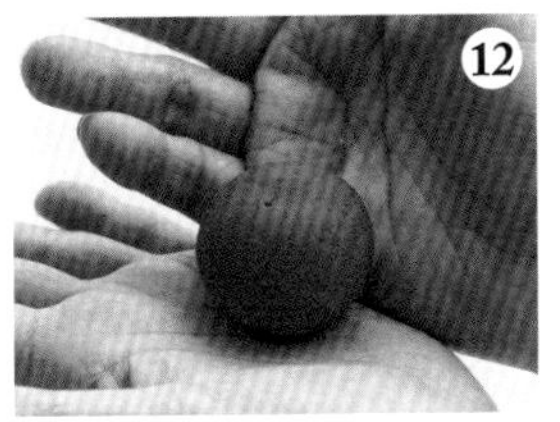

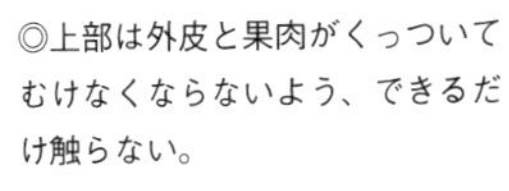

12 閉じ目を下にして、両手のひらで下の部分だけを転がして形を整える。
◎上部は外皮と果肉がくっついてむけなくならないよう、できるだけ触らない。

外皮 仕上げ

13 表面にささらの先端をランダムに当て、ボコボコとした質感をつける。
◎ささらがない場合は竹串でもOK。

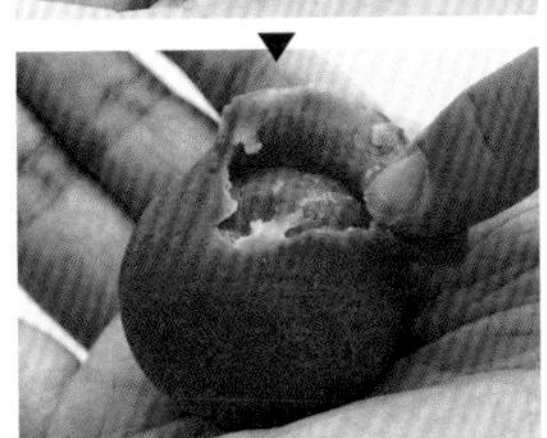

14 7であけた穴に指先を引っ掛け、みかんの皮をむくように外皮を一部めくる（切り離さない）。
◎ミニへらで切り込みを入れてむいてもよい。果肉を削らないように注意して自然にむく。皮をむく場所によっては和菓子ケースに入れにくくなるので、小さめにはがす。

15 外皮をむいて出てきた果肉の片栗粉が薄くなっていたら、刷毛で再度まぶす。
◎片栗粉をつけすぎると食感が悪くなるので、しっかり残っていれば行わず16へ。

ヘタ

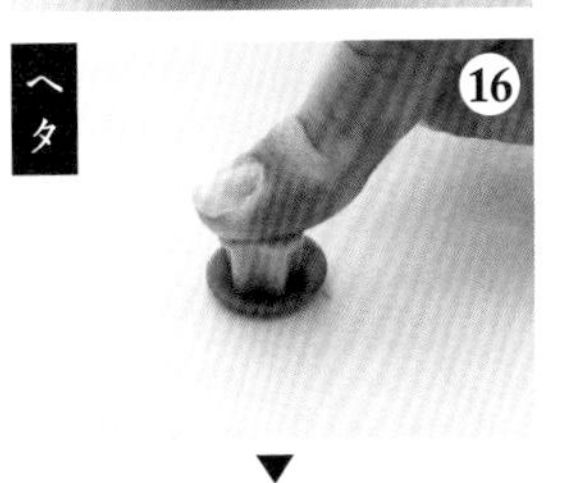

16 緑色の練り切りあんから、直径1mmに丸めたヘタの中心部分を取りおく。残りはオーブンシートを折って挟み、上から平板で押さえて1.5mm厚さに広げ、抜き型で抜く。
◎型がない場合は、緑色のあんを手でちぎって成形してもよい。

17 14ではがした外皮の端に、16の星形を貼りつける。取りおいた1mmの球形を、星形の中心に竹串でつける。

2月 立春

classic 白椿

p.20「水仙」に茶巾絞りを合わせて、シンプルな美しさを表現。
寒さは続くけれど、ほんのり春を感じさせる凛（りん）とした椿。
千利休が好んだ茶花とされ、お茶席によく登場します。

作り方 — p.100

邪気を払う習わしで豆まきを行う節分。
我が家の節分練り切りは「福は内、鬼も内」。
かわいい赤鬼、青鬼を作って楽しみます。

作り方 —— p.101

節分の鬼 *modern*

•材料　1個分

〈練り切りあん＊**a**〉

白色……25g

黄色……1g

緑色……0.3g

＊練り切りあんの作り方はp.15、色づけはp.27、色配合はp.48参照。

中あん（p.19参照）……13g

•道具

ふきん（ぬらしてかたく絞る）／定規／絹さらし（または薄いハンカチ）／ペーパータオル／箸／オーブンシート（10×10cm）／平板（小／7×10cm）1枚／ミニへら

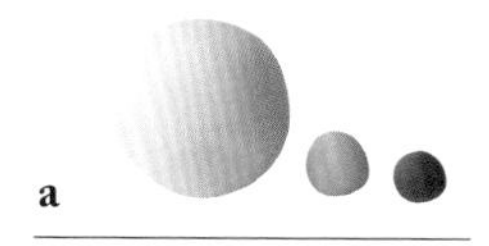

•作り方

包あん

1 白色の練り切りあんをp.21の作り方**1**～**11**と同様にして広げ、中あんを包む。閉じ目を下にして両手のひらで挟んで転がしながら、低めの丸形に整える。

茶巾絞り

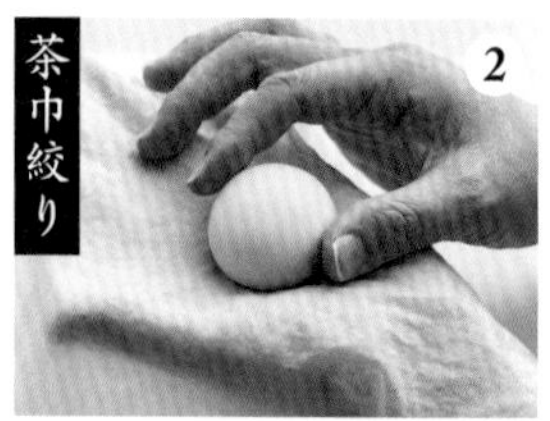

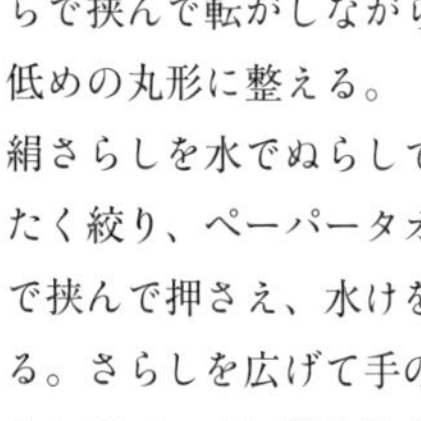

2 絹さらしを水でぬらしてかたく絞り、ペーパータオルで挟んで押さえ、水けをとる。さらしを広げて手のひらにのせ、**1**を閉じ目を下にして真ん中に置く。

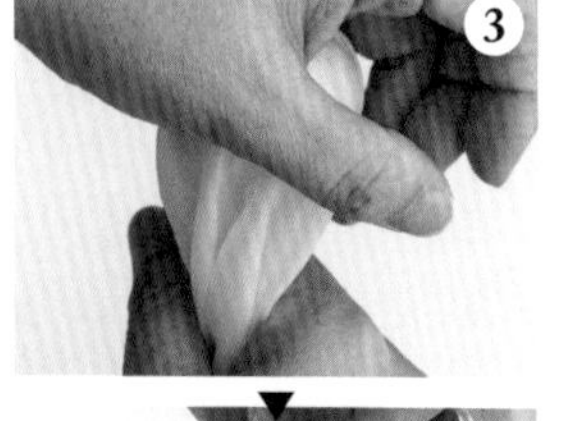

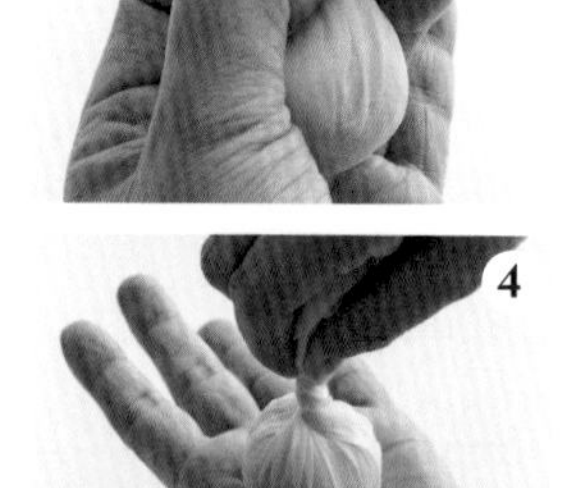

3 さらしごとあんを軽くにぎってひっくり返し、反対の手で垂れたさらしをまとめる。そのまま再度ひっくり返し、あんを持つ手の人差し指と中指、親指の3本の爪であんから1cmほど上でさらしをきつく押さえる。反対の手でまとめたさらしを1回ねじるごとに、ねじった部分を3本の指の爪できつく押さえ、計3回ねじる。

4 3本の指で押さえていた部分を反対の手の親指と人差し指でつまみ、あんをのせた手を開く。さらしをねじったまま、手のひらに向かってねじり目を垂直にあんに押し込み、くぼみをつける。

◎**3**のねじる位置があんに近すぎると、うまくくぼみが入らないので注意。

5 さらしを静かに開いて練り切りを取り出す。

成形

6 側面が両手のひらに当たるように手にのせて転がし、丸みをつける。

花芯

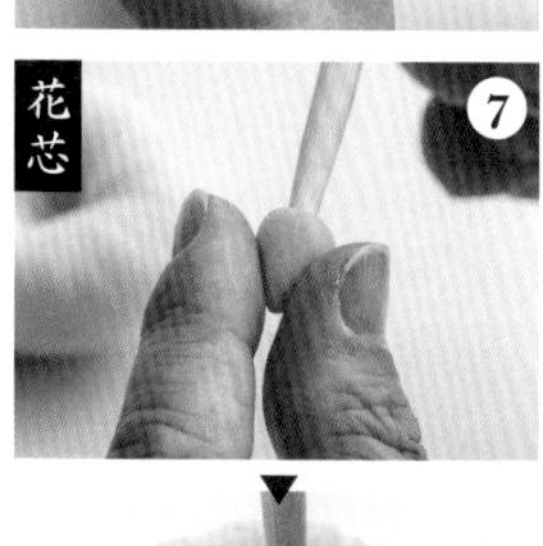

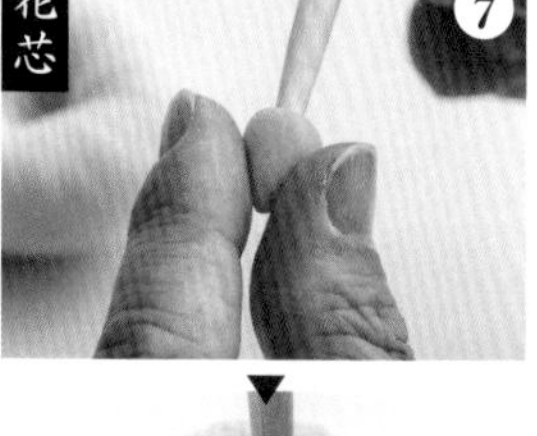

7 p.26の作り方**27**～**28**と同様にして、黄色の練り切りあんで花芯を作り、箸の先端に軽くさして**6**のくぼみにさし込む。箸を回転させながらゆっくりと真上に抜く。

葉っぱ

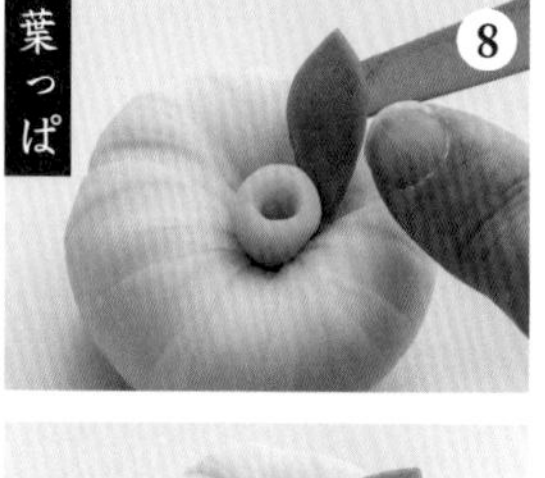

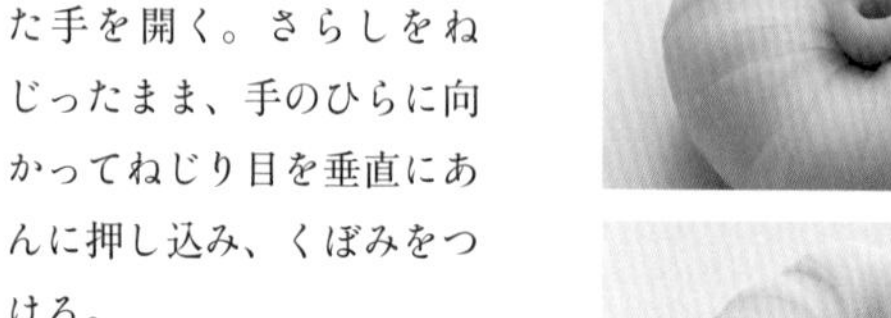

8 緑色の練り切りあんを楕円形に丸め、p.53の作り方**8**～**9**を参考にして1.8cm長さに伸ばし、1.5mm厚さ×幅1cmの葉っぱを作る。ミニへらで取って、花芯の横にさし込む。

節分の鬼

•材料　各1個分

青鬼
〈練り切りあん*a〉
水色……23g
黒色……1g
黄色……3g
薄い赤色……0.5g

赤鬼
〈練り切りあん*b〉
薄いピンク色3……23g
黒色……2g
黄色……3g
赤色……0.5g

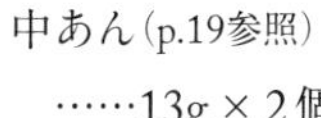
中あん(p.19参照)
……13g×2個
黒ごま
……2粒×2

*練り切りあんの作り方はp.15、色づけはp.27、色配合はp.48参照。

a

b

•道具

ふきん(ぬらしてかたく絞る)／定規／茶こし／竹串／平板(小／7×10cm)1枚／ティースプーン／三角棒

•作り方

水色の練り切りあんをp.21の作り方1～11と同様にして広げ、中あんを包む。閉じ目を下にして両手のひらで挟んで転がしながら、低めの丸形に整えて上をゆるやかな三角にする。

◎赤鬼はbの練り切りあんで、以下同様にして作る。ただし、作り方2でツノを2本作って同様につけ、5～6でスプーンと三角棒の向きを変えて口と牙をつける（右下「赤鬼」も参照）。

p.79の作り方13と同様にして、黒色の練り切りあんでツノを作り、頭の前寄りにのせ、薄く広げた部分を指先でこすってつける。

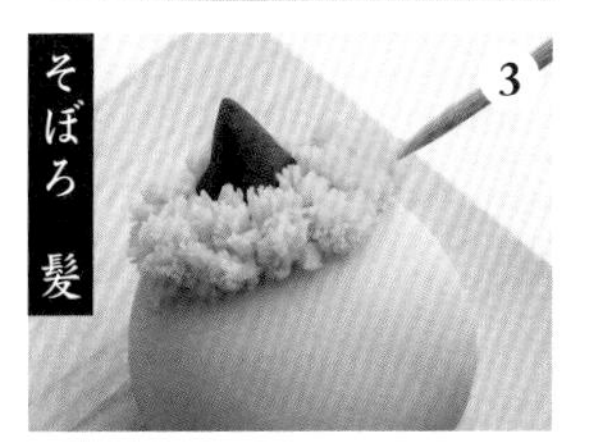

黄色の練り切りあんを3等分にして丸め、p.72の作り方4～5を参考にして、2のツノのまわりに数回に分けて植えつけるようにのせる。

髪の下に竹串で黒ごまをつけて目にする。

◎竹串の持ち手側の先端をぬれぶきんにつけてから黒ごまを取る。黒ごまの向きを変えると表情が変わるので好みの顔に。

p.79の作り方8と同様にして口をつける。

◎スプーンの向きを変えると表情が変わる。

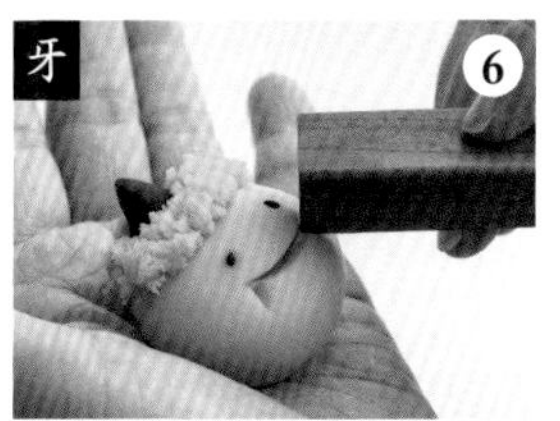

口の端に三角棒の角を当てて牙をつける。

◎三角棒の当て方を口より上向き、口より下向きに変えることで、牙の向きが変わる。

薄い赤色の練り切りあんを2等分して丸め、ほっぺの位置につけて指の腹でやさしくトントンと叩いてなじませる。

赤鬼の目と口、牙は、それぞれ黒ごま、スプーン、三角棒の向きを変えてつけ、怒った表情にする。

練り切りQ&A

食材や道具のこと、
つまずきがちな工程や
上手に作るコツなど、
実際に作ってわいてくる疑問に
お答えします。

Q1

初めて練り切りに挑戦しようと思いますが、道具はすべてそろえたほうがいいですか？

A1

作る練り切りによって変わりますが、ボウルやゴムべら、カード、茶こしなどは家庭にあるもので十分間に合います。特別な道具では、絹さらしは薄手のハンカチ、平板はバットやカード、U字ツールはストローを縦半分に切って代用可能です。また、抜き型など和菓子用の道具は、100円ショップで購入できるものもありますのでチェックしてみてください。→p.12参照

Q2

火取りしても、白こしあんがやわらかい感じがします。

A2

まず、あんは熱いとゆるくなり本来のかたさがわからないので、きちんと冷ましてから確認しましょう。そのうえでゆるすぎる場合は、電子レンジで30秒～1分追加加熱します。ゆるめの白こしあんを使っている場合は、様子を見ながら1～2分長めに加熱してください。→p.15参照

Q3

白こしあんを加熱するさいに、ペーパータオルはぬらさなくていいですか？

A3

ぬらす必要はありません。ペーパータオルをかぶせるのは乾燥を防ぐ役割もありますが、白こしあんの水分を取ることが大きな目的です。ぬらさずにそのままかぶせて軽く押さえ、白こしあんと密着させると、表面の乾燥を防ぎながら水分を取り除くことができます。→p.15参照

Q4

分量どおりにすると求肥（ぎゅうひ）が少し余りますが、全部入れてもいいですか？

A4

求肥は練り切りあん全体の8%くらいが目安です。求肥に熱を入れやすいように少し多めの分量にしているので、余ったらそのまま食べてください。求肥は多いほどぼかしが入りやすくなりますが、初心者の方には成形が難しくなります。反対に、少ないとカサついてぼかしが入りづらく、閉じ目が割れやすくなります。最初はレシピどおりに作ってください。→p.16参照

check!

練り切りあんの状態や
手の動きがわかる動画は、
こちらの特設ページからどうぞ。
レシピに関しての質問も
受け付けています。

Q5
求肥を加えてから練ってちぎる作業で、ゆるすぎる場合は失敗ですか?

A5
水分が多くてやわらかい白こしあんを使うと、火取りをしっかりしてもあんがダレて粘っこく感じる場合があります。気になるときは、再度あんをまとめ直し、ボウルに入れてペーパータオルをかぶせ、電子レンジで様子を見ながら1分追加加熱してください。粗熱をとってから練ってちぎる作業に戻ります。ポイントは、中あんのかたさと合わせること。多少やわらかくても成形しておいしく食べられるので、最後まで作ってみましょう。
→p.17参照

Q7
中あんを包むとき、練り切りあんが開いてうまく閉じられません。

A7
p.22の作り方**10**で、練り切りあんを立ち上げるときに、練り切りを持つ手の親指をあんの縁に沿うように当てて少しずつ上に動かしてください。親指を下に置いたまま練り切りを回していくと、あんの縁が広がって閉じにくくなります。そのまま閉じると、中あんの位置もかたよってしまうので、焦らずていねいに行ってください。→p.21～22参照

Q6
準備した練り切りあんが乾燥している場合はどうしたらいいですか?

A6
練り切りあんにかけたラップがはずれたりしてあんが乾燥してしまった場合は、耐熱容器にグラニュー糖と水各大さじ1を入れ、様子を見ながら電子レンジで1分以上加熱して、グラニュー糖をしっかり溶かして蜜を作ります。冷めたら、練り切りあんに少しずつ蜜を加えて練り直し、なめらかにしてから作業に入ってください（蜜は全量使わなくてOK)。→p.20囲み参照

Q8
成形中に練り切りが乾燥してひび割れます。

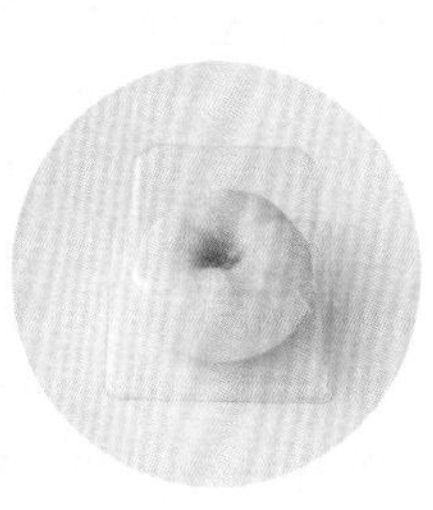

A8
練り切りあんは乾燥しやすいので、分量をはかって丸めたら、必ず次の作業までラップで包んでスタンバイ。成形の途中で手を休める場合やパーツを作るさいは、使わないあんに和菓子ケースのふたをかぶせておくと乾燥が防げます。また、成形中はかたく絞ったぬれぶきんでこまめに手を拭いてベタつきを除き、あんがくっつきにくくなるようにすることも大切です。

Q9
練り切りの色や形は変えてもいいですか?

A9
この本で紹介しているのは、初心者でも作りやすい練り切りです。基本を身につけるのにちょうどよいレシピなので、最初はアレンジせずに作りましょう。上手く作れるようになったら、色やパーツなど自己流でどうぞ。教室の生徒さんも自由にアレンジをしながら上達し、SNSに写真をアップするなど、季節の練り切りを楽しんでいます。

藤本宏美（ふじもと・ひろみ）

神戸市の六甲アイランドで練り切り専門教室「HALE（ハレ）」を主宰。娘のアレルギーをきっかけに練り切りを学んだあと、講師としてレッスンをはじめる。日本の伝統文化、四季折々の美しい練り切りを自宅で、美しく、おいしく作る方法を惜しみなく伝えるレッスンが人気となる。2020年4月よりオンライン教室をはじめ、2022年には日本の伝統文化などを気軽に学ぶ敷居を低くした文化サロン『HALEと学び舎』をスタート。初心者から講師、販売を目指す方、和菓子屋の方へ指導を行っている。2021年10月「京菓子展」テーマ徒然草実作部門優秀賞・鈴木宗博賞をW受賞。本書が初著書となる。

https://hale-nerikiri.com

Instagram　@hale_works

撮影／内藤貞保
デザイン／川添 藍
校正・DTP／かんがり舎
調理アシスタント／川口瑠香
　木下菜穂子
プリンティングディレクション／栗原哲朗（図書印刷）
編集／岩越千帆
　若名佳世（山と溪谷社）

協力店
◉株式会社内藤製餡（神戸市）
http://www.n-anko.co.jp/
◉cotta
https://www.cotta.jp/
◉貝印
https://www.kai-group.com/
◉Booch & Carca shop
Instagram　@boochandcarca.shop
◉菓子木型彫刻京屋
Instagram　@kasikigata_tyoukoku_kyoya

12か月の和菓子手帖
いちばん親切な練り切りの教科書

2024年4月5日　初版第1刷発行

著　者　藤本宏美

発行人　川崎深雪
発行所　株式会社　山と溪谷社
〒101-0051
東京都千代田区神田神保町1丁目105番地
https://www.yamakei.co.jp/
印刷・製本　図書印刷株式会社

●乱丁・落丁、及び内容に関するお問合せ先
山と溪谷社自動応答サービス　TEL.03-6744-1900
受付時間／11:00～16:00（土日、祝日を除く）
メールもご利用ください。
【乱丁・落丁】service@yamakei.co.jp　【内容】info@yamakei.co.jp
●書店・取次様からのご注文先
山と溪谷社受注センター　TEL.048-458-3455　FAX.048-421-0513
●書店・取次様からのご注文以外のお問合せ先
eigyo@yamakei.co.jp

定価はカバーに表示してあります
落丁・乱丁本は送料小社負担でお取り替えいたします

Printed in Japan
ISBN978-4-635-45075-1